Kissinger on Kissinger

基辛格谈基辛格
关于外交、大战略和领导力的省思

[美] 温斯顿·洛德 著 吴亚敏 译

上海译文出版社

献给贝特

目 录

序　亨利·基辛格　I

前　言　IV

基辛格谈基辛格

一　政治家风范　3

二　准　备　17

三　向中国开放　33

四　尼克松—毛泽东会谈　53

五　谋求稳定对苏关系　67

六　在越南寻求和平　83

七　突破和《巴黎和平协定》　95

八　在中东的初步进展　111

九　谈判风格和人物侧记　127

十　外交政策的过程　145

十一　战　略　163

致　谢　173

索　引　177

序

亨利·基辛格

"因此,一切均取决于对未来的某种构想。"

在我撰文写下美国的外交政策应遵循这一原则两年之后,尼克松总统要我担任他的国家安全事务助理。鉴于我们两人之间关系的历史,这个机会出乎我的意料。然而,设计一个用以指导外交政策的观念势在必行,是尼克松和我的共同信念。

一九六九年,尼克松政府接手了一副烂摊子,内外交困。我们竭力以战略眼光去应对这些挑战。虽然我已经对我们的历程写过很多文章,但这次呈现是非正式的和口头性的表述；这是我唯一的口述历史。我没有想过它最终会成形。温斯顿·洛德和凯·特·麦克法兰说服我参加一次为时一小时的采访，作为一系列关于尼克松外交政策的视频节目的圆满收官。他们为此所做的准备和决心，最终促成了六次采访。

和所有口述历史一样，我这个基本上也是相关案例的简短的摘要。我没有刻意去做自我批评。参加这场对话的人，都是我几十年来的同事和朋友。但是，他们探究了有争议的话题。他们的目的，是要以一种使我们的后代感兴趣的方式，提炼我对一九六九至一九七四年间的关键外交政策问题的看法，对接下去的几代人来说，这个时期有如古老的历史。

然而，这不仅仅是对重大事件的回忆。它有助于更深入地了解我与尼克松总统的关系，了解领导艺术、谈判艺术和外交政策的制定艺术。

这就是这些采访的来龙去脉，这些采访只涉及我在尼克松总统任期内服务的那些年头。他在以压倒性多数赢得总统连任之后，准备在充满希望的第二届任期、特别是在外交政策方面大显身手。我们完成了向中国的开放。我们与苏联的关系取得了进展。我们在中东有所建树。但是，水门事件、尼克松辞职、行政权力的侵蚀，以及国会监护权的重新抬头，都给福特政府维护美国信誉的努力带来了巨大的压力。在福特总统的领导下，我们设法继续推进与北京和莫斯科的关系、在中东取得进展、重塑我们在南部非洲的政策，并探索即将提上全球议程的种种挑战。

尽管自那个时代以来发生了许多变化，它的许多指导原则依然至关重要。有些则应重新考虑。美国的外交政策应该从战略蓝图出发，而不是对零散事件做出反应。政治家必须根据并不充分、往往是含糊不清的信息做出勇敢的决策。在谈判中，美国的出发点应当是明确阐述自己的需求，并理解谈判对手的历史、文化和目标。

最重要的，美国的领导力依然不可或缺，这一点没变。要实施美国的领导力，迫使我们整合我们的利益和价值观——正如半个多世纪前我在第一本书《重建的世界》中写的那样，要"努力协调我们认为是公正的和可能发生的事情之间的关系"。

前　言

这本书是亨利·基辛格唯一的口述历史的记录，它的出现或多或少是一个偶然。

几年前，从二〇一四年开始，麦克法兰和我同意为"尼克松遗产论坛"做一系列有关外交政策问题的专题小组讨论，这个项目由理查德·尼克松基金会、国家档案和记录管理局共同赞助。这是尼克松政府的僚属杰夫·谢泼德的主意，他与前白宫官员组织过三十多次专题小组讨论会，反思尼克松政府时期各种国内外政策倡议背后的思路和过程——类似一种集体口述历史，如果你愿意这样认为的话。

许多小组成员已经分别做了口头叙述，但还没有以整个小组的形式整理出来。当时的想法是，整体将大于各部分的总和；小组成员将汇总彼此的回忆，以制作一个更完整的画面。这些讨论过程被录制下来，在有线卫星公共事务网络上的美国历史频道播出，可以通过尼克松基金会获得这些录像带。*

从二〇一四年到二〇一五年，麦克法兰和我主持了四次外交政策方向的专题小组讨论，分别是："重振国家安全委员会""向中国开放""对苏缓和与限制战略武器谈判"以及"越南和《巴黎和平协定》"。这些讨论与早些时候关于中东问题的一个小组讨论一起，涵盖了尼克松—基辛格合作的主要外交政策倡议。

我为每一次的讨论编写大纲，提前分发给小组成员，这有助于唤醒他们的记忆。麦克法兰引导讨论活动，启发原来的僚属描述自己的经历和所做的贡献。最初的计划是用一个小时对基辛格博士进行视频采访，听取他对这些关键性倡议的思考，以此作为这个系列的圆满结束。

二〇一五年十二月，麦克法兰和我与基辛格博士坐在他的办公室里做这一部分采访。他的记忆力惊人，特别是考虑到他已经九十多岁，我们却要求他回忆半辈子之前所

---

* https：//www.c-span.org/organization/?66230/Nixon-Richard-Foundation
 https：//www.nixonfoundation.org/nixon-legacy-forums/

发生的各种事件。一个小时很快过去了，我们意识到我们甚至还没有触及问题表面。所以我们说服基辛格博士进行第二次采访……接着还有第三次……他叙述了战略目标和具有重大里程碑意义的历史事件，也不时提到个人轶事。这些采访更像是老朋友和老同事之间的谈话，基辛格博士所讲的故事听起来像是昨天才发生的，新奇有趣。

在我们交流的早期，基辛格博士坦言他从来没有做过口述历史，这使我们感到惊讶，因为几十年来他接受了数百次采访，他显然是战后最杰出的国家安全人士之一。因此我们梳理了这一系列的交流，扩展到基辛格在政府服务之外的领域，把他对外交、大战略以及最终对领导力的省思都囊括其中。在为期一年的时间内，我们总共对基辛格博士进行了六次视频采访，最后于二〇一六年十二月结束。

我们都意识到我们所做的这个项目的历史意义——用基辛格自己的话说，从记忆和他自己的角度自发地对他进行了范围广泛、涉及各方面内容的采访。然而，这些采访对于我们个人也很重要。那段时间里我一直在基辛格身边工作，先是在国家安全委员会，然后是在国务院。麦克法兰曾经是国家安全委员会最年轻的工作人员，先是在大学读书期间担任兼职夜班秘书，然后担任基辛格的研究助理。我们和基辛格博士的友谊，迄今已经跨越了近半个世纪。

为基辛格博士工作时学到的经验教训，在过去的几十年中，在我们继续在政府内外的国家安全岗位任职时，塑造了我们的思维。我成为对外关系委员会主席、驻华大使和助理国务卿。麦克法兰一直在参议院军事委员会和五角大楼的高级职位任职，担任电视新闻分析专家和专栏作家，最近还担任副国家安全事务助理。我们和许多其他人一样，几十年来一直受益于他的智慧。

我们和基辛格博士的谈话，证明了为什么在离开政府四十年后，他作为畅销书作家、权威人士和导师仍然具有广泛的影响力。他在此期间见过了几乎所有杰出的美国和国际领导人，他们继续征求他的建议。这是见解、毅力和影响力的杰出表现。

本书是上述六次视频采访的成果。大多数问题是由麦克法兰提出来的，我则负责其中几乎所有的评论部分。

麦克法兰对于从基辛格那里所学到的东西，提供了她的看法。我把这些看法附在下面。

* * *

在以副国家安全事务助理的身份加入特朗普政府之前，我咨询了近二十多个前国家安全委员会官员，征求他们对政策和程序的意见。我这样做是为了展望新时代，但对不同政府在制定外交政策方面的做法进行比较是很自然的。尼克松——基辛格的经验引人注目。

大多数新政府上任后会立即审视现行的国家安全政策，以期在政策方面打上自己的烙印。有时他们会彻底改变方向，有时他们只是围绕现有政策进行修修补补。但是，大多数的政府将外交政策视为一系列独立的、一对一的关系，与我们和其他国家的双边关系脱节。

尼克松和基辛格均将外交政策视为"大战略"，双边关系相互联系，密切关联。这就好像他们在玩三维国际象棋一样，每在全球棋盘上移动一步，都会对其他国家产生第二级和第三级的影响。我认识基辛格几十年了，但在这些谈话中，我依然被他的思维在运转中的精彩表现打动，被他讨论一九六〇年代末做出的一项决策，然后解释他们如何考虑这些决策也许将在若干年后对半个地球之外的另一个国家产生影响的方式所打动。以这种方式观察未来，尼克松和基辛格能够看到别人可能看不到的机会和危险，并能利用它们来为美国争取优势。

许多领导人只从他们想要的角度来看待外交政策，忽视对方的需求。尼克松和基辛格试图从对方国家的角度来看待问题，考虑他们的偏见、恐惧和目标。他们认识到，无论谈判者有多么熟练，除非双方都对其成功签订的协议有所投入，否则，任何协议都经不起时间的考验。

尼克松和基辛格从来没有放弃他们的"大战略"，他们把日常决策置于这个框架之内。在处理那些不可避免地会排挤战略目标的日常事务和危机时，他们能够坚持既定路线而不偏离。很多届政府都因那些需要立即处理的事务而忽视重大事务，难以自拔，而他们则免入其臼。这就是尼克松—基辛格的外交政策仍然是衡量其后各届政府的外交政策的标准的原因。

* * *

我为每一章写了一个简短的介绍，这些简介框定了上下文并提示了重点。视频记录的底稿经过编辑，以确保重点的重申、行文的准确和流畅，同时也保留了原始内容和氛围。因此，它读起来像是一次深思熟虑的即兴谈话，而不是一篇精雕细琢的书面论文。我们认为，它不仅将对历史记录做出贡献，而且还将为子孙后代提供深邃的见解。另外，这是一本很好的读物。

与此同时，我承认本书的局限性。本书既没有全面审视、也没有带着批评的眼光去评价基辛格和尼克松的执政岁月。它起源于"尼克松遗产论坛"，没有涵盖基辛格在福特政府期间的服务，而在此期间有很多重大的外交活动，诸如叙利亚与以色列之间的协议、在埃及与以色列之间的穿梭外交而达成的第二个协议，还有支持非洲大陆的多数人统治、为罗得西亚和纳米比亚的独立铺平道路的南部非洲问题的外交活动。

和所有口述历史一样，这部作品只从一个角度来叙事。基辛格本人就这一时期写过几部深入的历史著作。尼克松在辞去总统职务后一直是个多产作家。档案里有很多备忘录、会议记录和谈话录音，其中许多已于最近解密。史学家和记者就这个时期写下了无数书籍和文章。数十部大部头的基辛格和尼克松的传记陆续出版，褒贬不一。

虽然这本书记录了很多新材料，但其目的不是为了与先前那些作品竞争。相反，我们把读者带进这个空间，和我们一起聆听基辛格——在四十年之后由他亲口说出来——围绕这个时代一些主要挑战的理据和决策。这也是一个听取我国一位资深政治家思考更大的概念性主题的机会。

我们做的这一切，都着眼于历史，着眼于年轻一代。我们现在都当了祖父母，我们认识到，这些事件对于千禧一代和以后的人来说都是古老的历史，只是书架上积满灰尘的旧书，只是他们自己忙碌生活的注脚。

对我来说，我全身心投入了那段时光。这个项目让我有机会做一些我自己的反思。

* * *

"痛苦和狂喜。"这句话总结了我和亨利的奥德赛式的长途冒险行程。无论我的周期性痛苦如何,我总是和阿尔贝·加缪有一样的情绪:"攀登山顶的拼搏本身足以充实一颗人心。"在我的攀爬过程和所欣赏的景致中,我对亨利极为感激。

空间和范围限制了我的笔触。

他在拓展我的视野和能力的同时,也拓展了我的耐性和神经。他嘲讽我说:"你就这点能耐吗?"然后带着狡黠的笑容,读我的文字。对腻味的宣传不屑一顾。在星期天华盛顿红人队正要开场时打电话来要我写一篇演讲稿。在总统规定期限的最后两天前,驳回我写的长达四十页的柬埔寨问题白皮书的草稿。每星期工作八十个小时,假期、生日和周年纪念日都没有了。

是的,亨利偶尔会对他的工作人员发火。但是,考虑到事态的严重性和压力,这是可以理解的。而且,他通常会找到一种方式,以一种腼腆的姿态绕回来缓解你的刺痛。

总之,亨利的怒吼声掩盖了他的内心忧虑。

在亨利那副硬邦邦的外表之下,隐藏着他那慷慨大方的性情。他不仅是我的良师和折磨者,也是我的益友。

亨利受够了那些唯唯诺诺的人:在看过我写的几篇质疑总统和他正在奉行的政策的论文后,他选择我当他的特别助理。后来,我因自己第一次单独写出来的一份关于老挝的全方位报告而使白宫西翼里的那些人怒不可遏时,亨利保护了我。

他为我打开了一扇门,让我参加在紫禁城举行的独家首脑会议。他邀请我和一个蜷缩在宾夕法尼亚大道一六〇〇号门口、饿得半死的战争抗议者共进私人早餐。他和他挚爱的南希结婚时,邀请我作为少数几个客人之一出席。他代表全体人员授予我国务院的最高荣誉。

亨利扩展了我的视野——景色壮观。在越南和平取得突破之后,在一个色彩变幻、林木葱翠的巴黎公园里的一次握手。从乡间别墅里酒气熏人的宴会上进行的残酷会议到克里姆林宫的一次核问题谈判。一场令一位非洲总统激动得热泪盈眶的关于多数人统治的开创性演讲。在世界上最具爆炸性的地区,无休止地穿梭于中东敌国之间。在黎明时分绕过地球上的第二高峰,进行一次震撼全球的对华开放的秘密旅程。

伴随着这样的场景,也让我来描绘亨利的本性。

在华尔道夫-阿斯托里亚酒店的套房里,在赎罪日战争引发的混乱中，他冷静地撰写着一篇演讲稿。在大西洋云层上的"空军二号"上，一边下着基辛格 vs. 基辛格的国际象棋，一边考虑着在即将与北越进行的秘密会谈中采取的行动。在他那间白宫西翼远非富丽堂皇的办公室的角落里，对着从遥远的中国发来的用密码写的表示同意的信息面露喜色，叩开了朱红色的大门。在飞往戴维营的震耳欲聋的直升机上，为莫斯科首脑会议的黯淡前景而悲叹。

在金黄色的屋顶下把乒乓球拍向空中，使之形成一条拱线。指着一盏枝形吊灯，以同志般的恶作剧方式询问苏联外交部长那是不是他隐藏摄像机的地方。在审阅要送给总统的每日简报之前，先查看一下前一天晚上德国足球联赛的得分。在迪士尼乐园游玩时，勇敢地把我那还没有受过大小便训练的儿子扛在肩膀上。

除了那个手捧《圣经》、躲过大屠杀的难民——她的儿子在成为第一位犹太人国务卿时叫她不要哭泣，白宫东楼里的绝大多数人都目光炯炯。

感谢亨利，我体会到基辛格中士在战后从德国给父母写信时的感受："我们认为我们已经撼动了世界，把青春献给了某些比自己更伟大的东西。"

* * *

我为在这一事业上与美国外交界的一位伟人合作而深感荣幸。

亨利并非完美无缺。他是谁?莱昂纳德·科恩的《赞美诗》中说,"忘掉你那完美的奉献。万物皆有隙缝。那是光进来的地方"。我相信,历史将为他的遗产"敲响钟声"。

本书中的这些事件——以及他们的主角——唤起了我生命中一段开创性的篇章,也唤起了我们国家历程中的一个独特时期。

基辛格谈基辛格

一　政治家风范

政治家既要能高瞻远瞩，又要有勇气做出往往是痛苦的决策，去实现这些目标。

在战术上，总统面临的选择总是千钧一发的——否则，它们早就在较低的层面上解决了。在战略方面，正如基辛格所写的，还有一个更严峻的挑战，即如何处理决定性的推测。当行动范围最大的时候，对情况的了解往往有限或模糊不清。已知的情况越多，回旋的余地就越小。做出的评估与正统之间的差异越大，孤立的情况就越严重。

尼克松总统在不确定敌对势力或美国公众反应的情况下，接近了这一敌对势力。他下令采取重大军事行动，冒着风险，实现一个戏剧性而又富有成效的首脑会晤。他越过对手的军事姿态，在一个动荡不定的地区插上了美国的外交旗帜。

自始至终，总统的核心原则是，既然折中也须付出同样的代价，倒不如采取大胆的行动。

* * *

2　基辛格博士，您在世界舞台上，无论是广度还是深度，经验都极为丰富。基本上，几十年来，您结识了美国和国外的每一位主要领导人、政治家和外交家。您见过好的和坏的，成功的和不成功的。回顾过去，您认为最重要的领导力是什么？

人们首先要问的是，领导者应该做什么？任何领导者都面临一系列因时势的发展而出现的实际问题，我称之为战术层面的问题。除此之外，他还有一项任务，就是要把他的社会从原来所处的局面带到未曾有过的局面。这是对领导力的挑战，将不断出现的特定情况变成对未来的憧憬。

就第一项任务而言，它部分取决于社会的内部结构，部分取决于某种战术技巧。

在领导力方面，最需要的素质是品格和勇气。需要品格，是因为真正棘手的决策是51∶49。平淡无奇的决策是在官僚主义的考虑过程中做出来的。但是，当处于危急关头，这意味着你决定要走的是某一条路，而不是另一条路。因此，你需要依赖道义的力量来做出决策，就本身而言，在做这个决策时，你几乎不可能拥有多数支持，因为你面对的是不熟悉的领域。你需要单打独斗的勇气走完这段路。

现在，你当然会说，"智力的作用呢？"我要说的是，你只需用最少的智力来理解这些问题。你总是可以聘用到聪明人，但你并不总是可以聘用到有品格的人。

当您谈到品格和必须做出艰难的决策时，是由伟大的领导者自己做这些决策，还是与他的顾问磋商，或者有时与顾问们的意见相左？

这在很大程度上确实取决于人格。根据我对历史的研究，大部分关键性的决策都具有个人的因素，你可以说，那是由领导者自己决定的。但是，非常有可能的是，领导者从他真正信赖的一群朋友和顾问那里获得道义上的支持。在某种程度上，官僚程序可以帮助他，但这种帮助只能是百分之四十九，并不是那个百分之五十一。

一 政治家风范

如果决策出错，那会怎样？

嗯，如果某个决策真的出错了，他首先要分析一下，为什么会出错。诱惑在于去补救你正在做的事，或者认为某个决策之所以错了，是因为没有足够快地实现你所期望的目标。所以你试着加倍努力来加速这个过程。或者你在这个过程中发现了一些具体的缺陷。但是领导者应该对根本性的重新评估持开放态度。那是你应当试着去做的第一件事。

最有勇气和最困难的事，是承认自己做出了错误的判断，然后聚集力量和支持来扭转这个错误。但是我们从来没有处于那种境地。我们有些事情行不通，但是，我们从没有出现过"这个方向是错误的"的情况。

偶尔也会有战术上的调整。

您能稍稍谈一点推测的作用，谈谈领导者必须在不确定前进的道路上会出现什么的情况下采取行动的事实吗？你等待的时间越长，对即将发生的事情就越确信，但在那时，你的灵活性就越低。

很多决策网络都建立在推测的基础上。你必须做出评估，而你在评估时并不能证明你的评估是正确的。你只有在事后回顾时才能知道它是否正确。你的评估越不同于传统思维，你就会越孤立。但是，作为一个一般命题，在你知道所有事实时，要影响它们就太晚了。所以评估的艺术，就是在你有充分的事实来解释将会出现什么样的正确结果时做出判断，不要太快而推翻一切，也不要太晚而停步不前。

您和尼克松总统一起对现状做了很多思考，对正统观念，无论是与中国的关系、与俄国的关系还是与中东的关系，你们都进行了重新考虑。你们利用那种机会修正并重构了美国的外交政策。请向我们谈谈那个过程。你们知道自己是在做那些事吗？或者你们只是在事情发生时抓住了机会？抑或你们有一个伟大的前瞻，"这就是我们在二十年内想要的？"

如果你研究这个过程，我们有一个非常活跃的跨部门的程序，在这个程序中我们提出了很多这样的问题。但是，跨部门的程序实际上本身是针对那些必须在短时间内处理的问题的。这是一个每天都要收到数千份电报并必须限时进行答复的官僚机构所固有的本质。

尼克松和基辛格之间关系的不同之处在于，首先，尼克松不喜欢繁文缛节的讨论。他对战术决策层面很感兴趣，却没有深入参与。尼克松不喜欢官僚机构的斗争，所以他专注于探讨长远目标。我是个学者，曾经从历史的角度写过几本同一主题的书，写的并不是人们每星期实际做些什么，而是写那些伟大的领袖人物怎样审时度势。

所以，事实证明，这是一个偶然的组合。尼克松和我一起花了很多时间探讨：我们究竟想做什么？我们在努力达到什么目的？我们要防止发生什么事？我直到尼克松当选之后才见到他，但是，我们有一些相同的看法，比如关于中国问题。他写过一篇文章。我也为洛克菲勒写过一些文章，观点和他相同。因此，我们从一开始就一致认为应该向中国开放。我们以美国程序中独一无二的方式来分析这个问题。

一九六九年夏天，我们开始意识到中国人有理由害怕苏联会发动进攻。而意识到这一点的这一事实，对尼克松政府来说，是很特殊的。因为我们正在研究有关苏中两国冲突的有关报道，这些冲突在许多方面都引起了我们的注意，但更主要的原因是苏联大使一直在向我们通报有关情况。因为在正常的情况下，苏联人并不会向我们通报他们的边界问题，我们由此得出结论，认为他们一定是在谋划某些事情，以便找个借口。我们研究了这个问题，也研究了他们会从哪里发动攻击，如此等等。

要点是，我们告诉彼此说："我们可能要做出一个决定。苏联可能会在今年夏季进攻中国。我们与中国没有任何联系。他们永远持敌对态度。他们在外交方面和其他方面都在攻击我们，但是，我们在这场冲突可以得到什么利益呢？"我们决定，当然，这意味着尼克松决定，如果中国被打败，这违背美国的国家利益，鼓励苏联，也违背国家利益，阻止苏联实际上符合美国的国家利益。

所以，我们必须找到表达这种想法的方法。我们让副国务卿埃利奥特·理查森和理查德·赫尔姆斯（中央情报局局长）出面讲话。出于某种原因，这次讲话放在总统内阁会议上，而不是国家安全委员会的会议上，这意味着大多数人都不明白我们为什么要讨论这个问题。但是，我们让这两篇讲话指出，如果战争爆发，事态会很严重。那意味着我们会卷入战争，至少会在政治上卷入。那是尼克松做出来的重大决策。我不知道还有谁能够做出这种决策。

当时所有研究苏联问题的高级专家都警告您和尼克松，说如果我们向中国开放，就会损害我们与莫斯科的关系。但结果恰恰相反。

确实如此。这时，有趣的是，在官僚机构内部，他们只是认为，这是一个愚蠢的举动。一些具有俄国经历的资深人士，查尔斯·尤·波伦和卢埃林·"汤米"·汤普森要求与尼克松会面。这证明他们非常有头脑，因为他们说："我们一直在关注你们的各种举措，我们也注意到你们在取消贸易限制方面的一些提议。"那些并不是什么优惠，只是允许游客在香港购买价值五十美元的中国商品而已。但是他们注意到这一点，他们说："我们要警告你们，苏联不会接受这种外交政策，这可能会引起与苏联开战。"这种方式从来没有进入过我们的系统，我们没有通过这个系统来运作。

我们为尼克松安排了一次与这些人的会面，他们和他探讨了很长时间。但是，即使面对这种警告，我们仍然决定继续行动。

同时，打开与中国的关系也立即改善了我们与莫斯科的关系。

所以，结果与他们所警告的恰恰相反。

不是那个时候，而是在一九七一年和一九七二年的晚些时候。

对。我提到的讲话是在一九六九年夏天。

在一九六九年到一九七一年之间出现了一次公开的中断，但外交行动非常积极，我们先是探索沟通渠道，然后使用这些渠道。一九七一年七月我从中国回来后，尼克松在演讲中宣布开放之前，我们通知了苏联大使，试图根据苏联专家所指出的那样——我们前面已说过他们的看法——在苏联做出反应之前先发制人。我们实际上是说："我们愿意同苏联进行同样的一般性讨论，但我们警告你们，你们采取任何重大行动和对抗性的措施，并不会使我们偏离方向，反而会使我们的行动加倍。"苏联的答复与我们所听到的恰恰相反。他们的答复是，苏联大使（阿纳托利）多勃雷宁去圣克莱门特提出举行勃列日涅夫—尼克松首脑会议的建议。

我们谋求同时举行莫斯科首脑会议和北京首脑会议。我们的基本战略是在同一时间更接近苏联和中国，而不是让他们彼此接近。苏联人误解了我们早些时候开始的召开苏联首脑会议的尝试，因为他们不知道要在中国举行的首脑会议。

我们向中国提出这个建议之前，就先向苏联提出了建议。

我们先向他们提出这个建议，他们本来可以先和我们举行首脑会议。他们一直在玩弄我们，不断提出各种条件。直到一九七一年七月，在我去中国之前，苏联人完全可以先和我们召开首脑会议。但他们坚持先决条件，特别是在德国问题方面。

我们秘密地飞往中国时，阿尔·黑格（副国家安全事务助理）从泰国打电话给我，说苏联再次拒绝举行首脑会议。他们那些故弄玄虚的言辞骗不了人。

因此，我们保持向苏联开放首脑会议，我们可能会先与苏联举行第一次首脑会议，这样可以对中国多施加一点压力。但是，苏联玩起了他们的游戏，我们就加速了与中国举行首脑会议的进程。所以，多勃雷宁来拜访我时，我正在圣克莱门特和尼克松在一起，大约是在八月中旬。他提出召开一次首脑会议，需要一系列会面，需要我参加。因此，事实上，对中国的开放促进了对莫斯科的开放，反过来也一样。

事实上，柏林谈判和军备控制问题谈判也在那时加速进行。

我们的有利条件之一是有许多与苏联暂时搁置下来的谈判。其中一个是军备控制问题谈判。另一个是柏林协议。军备控制问题谈判相当复杂，和（十九世纪中叶）英国首相帕默斯顿勋爵所描述的一个叫做石勒苏益格-荷尔斯泰因的欧洲问题类似。他说只有三个人懂得这个问题。一个死了。第二个在疯人院里。他是第三个，但他已经忘了。

然后柏林也发生了同样的事情。我们最大的优势之一是，苏联与德意志联邦共和国达成了一项协议，该协议一定意义上承认东德，但除非有一项保证可以进入柏林的柏林协议，否则它就不能在德国得到批准。这个问题涉及四个国家。在德国方面，维利·勃兰特的顾问是埃贡·巴尔，他在总理办公室负责他们的俄国账户。

巴尔和我会面，建立了一项制度，由此他和白宫可以推进一些步骤，然后我们把这个过程放回到更大的议程上面。就这样开始了一场复杂的谈判。德国总理、尼克松和列昂尼德·勃列日涅夫举行了三方谈判，接着是由三个占领国和苏联组成四强签署协议。

我们在柏林问题谈判中拥有否决权，这一事实使我们对苏联所需要的东西有所控制。因此，在一九七二年五月莫斯科首脑会议两星期前，尼克松加强军事行动回应越南的攻势时，苏联不得不三思而后行，没有做出一些会危及这个错综复杂的结构的事情。

因此，苏联面对两个制约：一个是正在进行的柏林问题谈判，另一个是我们与中国举行了首脑会议。所以尼克松能够封锁越南，并在莫斯科首脑会议召开之前的两星期恢复轰炸。到夏季快结束的时候，我们从苏联那里得到了解决方案：首脑会议中的限制战略武器谈判和柏林协议。不久之后，我们收到越南人的一项提议，这是越南问题谈判上的突破。

回到政治家的才能的主题上，在我看来，您刚才所描述的似乎产生了另外两个要素。一个是策略，在情境中不同的部分如何组合起来。不仅仅是战术上的，而是你在一个领域所做的事情会影响到另一个领域，并由此带来某个更大的目标。第二个是勇气的要素。因为，当尼克松与俄国人举行首脑会议时，他的大多数顾问说："如果您轰炸河内，在海防港布雷，您将失去召开首脑会议的机会，也就没法达成所有这些军备控制问题协议和柏林问题协定。"实际上，他想说："我并不打算率领我们的军队去莫斯科，也不愿意在南越人遭受苏联武器的打击时袖手旁观。"因此，在我看来，您刚才所描述的，是政治家品质中的某些实质性的东西。

正是这样。但重要的是要真正理解，尼克松和我并不只是坐在办公室里做所有这些事情。有一个活跃的官僚机构的程序在处理这些事。我们没完没了地开会，详细讨论所有的突发事件。我们自认为是清楚行动方向的。如果我们受到官僚机构的阻拦，我们就会服从尼克松的判断。我们没有让官僚机构否决我们。这是重要的一课。

是的，因为传统思维认为官僚机构被彻底淘汰了。

所有总统需要做的是坐在办公室里考虑大事，人们不应该回避这个问题。这些结论是经过广泛的讨论和认真的分析所得出来的结果。不同之处在于，如果尼克松因为官僚机构的原因而受到阻碍,他会一跃而过。他的行事原则是,半途而废和一意做到底的代价是一样的。所以,如果你做什么,最好是一路干到底。你确实没有选择半途而废的余地。

二　准　备

每一位新上任的国家安全事务助理都要面临两个主要因素——他所服务的那一届政府所继承的环境和他将要为之服务的总统。虽然基辛格在国内和国外要应对的处境都不妙，但他得到了总统办公室的有力支持。

在美国现代史上，很少有哪个时期像一九六〇年代末那样动荡不安。

在国内，这个国家被一场痛苦的战争、骚乱和三起暗杀事件带来的悲痛、愤怒、分裂和绝望所撕裂。在国外，消耗性的冲突和扩张主义的苏联削弱了美国的信誉。哈佛大学教授基辛格被尼克松任命为国家安全事务助理时，已经是美国顶尖的历史学家和国家安全问题专家之一了。当选总统尼克松无论在任国会议员还是任参议员期间，尤其是在任副总统时，都专注于外交政策。尼克松补充了基辛格的背景和优势，具有和他相似的战略本能，做出勇敢的决策，并支持他的战术行动。

两人最终确定了劳动分工，执行一种适应总统行事风格的国家安全委员会制度。他们启动了一项标准严苛、雄心勃勃的外交政策议程。

* * *

基辛格博士，尼克松总统于一九六九年一月二十日宣誓就职时，国内外的形势如何？当时不仅美国，放眼世界，各国都处于动荡不安的时期。您是如何看待这种世界局势的？

在美国发生了三起暗杀事件。前一年，这些事件的余波引发了骚乱。在民主党全国代表大会期间的示威游行，导致芝加哥市政府关闭。在国外，苏联刚刚进入了捷克斯洛伐克。苏联和美国之间的所有谈判都破裂了。越南战争已经打了五年。因此，一片僵局和混乱，如果没有党派的参与，真的很难想象会有什么富有建设性的事。当然，与中国根本没有任何联系。当时局面非常混乱。

一九六八年十二月尼克松任命我时，我还从来没见过他。我们曾经握手三分钟，那是在克莱尔·布思·卢斯的公寓里的一个盛大的圣诞派对上，当时他正要进来，而我正要出去，那是我和他的唯一接触。我曾经担任他的主要竞争对手纳尔逊·洛克菲勒的首席外交政策顾问，时间大约长达十二年。

因此，尼克松有勇气任命一个从来没有和他共事过的人，而且是对立阵营的人——来承担他肯定十分清楚的关键性的职务，真是令人吃惊，因为他决心推动外交政策。

如果你考虑到我一生中有十五年的时间在试图阻挠他当选总统，而他却选择我作为他的国家安全事务助理，就能理解这多么令人诧异。

有点像他主动和国内派的参议员莫伊尼汉握手。

他在一九六〇年代获得提名后，请我加入他的竞选班子。

一九六〇年，他第一次把肯尼迪作为竞争对手而参加竞选时吗？

二 准备

是的。我拒绝了他。他在一九六八年获得提名时邀请我加入他的竞选团队。我又一次拒绝了他,因为我一直站在洛克菲勒一边。尼克松获得提名六个月之后当选为总统,然后任命了一个实际上他几乎没有见过面、曾经两次拒绝过他而且确实从来没有说过一句他的好话的人。他任命我当他的安全事务助理。

尼克松是如何看待世界的?您是怎么看世界的?您看到了什么机会?

当然,尼克松不但在国内政治方面有着非常丰富的经验——而我一点经验都没有——尤其精于理解国内政治趋势,他不是那种只纠缠于细枝末节的人。第二,尼克松专注的目标,是根据他所具有的实际经验决定的,也是根据他会见领袖人物时所做的观察来决定的。

尼克松对外交政策的理解是极为概念性的。这是他最感兴趣的活动领域。在这个领域里,他没有遭遇过反对因素,而在和他有关的各种竞选活动中,他一直备受异议。他走遍了世界各地,每当出现某个问题时,他可以把出现的问题与他所见过的许多人中的某个人的个性联系起来。因此,对于任何问题,尼克松都从我们想要的最终解决方案的角度来考虑。他对讨论战术极不耐烦，尽管他也对这种讨论表现出兴趣。他认为总统的作用就是要实现最终目标。

所以，从一开始他就会着手处理这个问题，我们在这里是要做什么？他有一句我经常引用的格言：半途而废和一意做到底的代价是一样的，不如决心干到底。所以，你最好是一路干到底。这是他的许多决策的特点。在关键时刻人们会说："噢，看看这些疯子。他们面对某一种局面时一直思维敏捷。"当尼克松采取这些行动时，其目的是精心谋算，让另一方意识到事态正在变得非常危险，不会想采取某种临界的步骤而陷入危机。

我思考的素材更多是历史性的和哲学性的。也就是说，我把我所研究过的历史情况以及我们可以从中吸取的教训进行类比，以此来观察世界。

因此，在这个意义上，尼克松和我相辅相成。我们在应该关注的问题上彼此看法一致。但是，对我们两人来说，思考的素材各不相同。

还有另一点要说明。我是一个和尼克松在共和党内部的主要对手有关系的人，却进入了一个尼克松及其同僚的白宫。因此，应该想到这一点，我从一开始就担任高级参谋职位，比方说，在最初的三个月里，作为主要的工作人员。随着亲身参与的事务越来越多，我们的相对投入变得更具有可比性。但是，最终的决策都是由总统做出来的。

在您回顾和尼克松一起规划战略前景时，请给我们谈谈你们如何实现这些战略前景，如何塑造事件。首先谈谈你们如何实现这些目标，然后谈谈你们有什么样的日常流程来确保你们做出的决策得以实现。

尼克松和我以不同的方式来实现这些目标。尼克松本质上性喜孤独，所以他博览群书。其次，当他出国访问，与国外的领导人交谈时，他感到更为放松自如，因为他们没有涉及那些总是随形如影跟着他的国内纷争。因此，多年来，他就外交政策的实际操作方面形成了一些非常深思熟虑的见解。而我自己出于各种原因，把和平与稳定问题作为我的学术关注点。所以我读过、研究过并写过一些论述这个问题的书，但是从来没有参与过战术决策。

所以这是一个很好的组合。尼克松要用很长时间来下决心，但他在战术上非常大胆。我比他更了解历史背景，所以我可以扩大视野。人们在书上看到过各种各样有关尼克松和我的事，我们从来没有发生过重大的政策冲突。你能想出一次吗？

想不出来。有几件有关战术的事，比如在做出任何其他决策之前，你们能让苏联人在多大程度上向河内倾斜？但这是策略问题。

每当启程去参加某项谈判之前，我都会写一份详尽的备忘录给尼克松，说明相关的背景情况和选择，以及我对这个问题的建议。他都会看，在上面写一些批注。一旦谈判启动，我每天晚上都会写一份报告给他。我很难回想起他曾经说过什么事后高明的话，也几乎没有下令中断我们正在做的事。

我可以给你们举个重要的事例。一九七一年七月秘密访问中国之后，我们安排尼克松于（一九七二年）二月底进行访问。但是我们认为，让毛泽东和尼克松在没有预先准备的情况下会面太危险，因为分歧的风险可能太大。因此，我在十月，即在尼克松出访的前四个月访问中国，以确定我们能否就联合公报的大纲达成一致。我照惯例提交了一份草案，强调双方达成一致的意见。但是毛泽东通过周（恩来总理）传递了一种不同的概念。他提议列举双方的分歧，因为它更为可信，然后再强调我们所实际达成的共同协议。

我们都默坐在那里。我本来可以打道回国，但我完全相信，尼克松会同意我的意见。因此我们改变了我们来时所要做的事情，接受了毛泽东的计划，并把它带回去交给尼克松。他说："这太棒了。我们需要这样做。"他没有质疑其中的任何一句话。

因此，这是一个与现在的视频会议完全不同的关系。

所以，这才是尼克松和基辛格之间的关系的核心：你们有一个共同的战略前景，他给您很大的回旋余地来估量如何实现这个战略前景，赞同您的意见，毫无保留地支持您。

但必须理解的是，我们并不是凭空想出这些东西。有很多部门为我们提供材料，但是当我们决定要做什么的时候，我们并不会让自己受到基本上是出于官僚程序的阻碍。

现在，在一开始，我们不得不花一些时间来组织这个系统。尼克松指派曾经担任过艾森豪威尔幕僚长的安德鲁·古德帕斯特将军来协助这方面的工作。尼克松对确切的结构没有具体的看法，只是明确外交政策的最后决策要由他定。因此古德帕斯特将军和我一起去见艾森豪威尔，我以前从没有见过他。我在哈佛大学时的看法是，此公笨口拙舌，也许思维迟钝。

当时他因为一连串心脏问题而卧病在榻，但还是相当有活力，脸部表情十分丰富，思维非常清楚。所以我们和他进行了一次详细的讨论，他，艾森豪威尔，开口说："国家安全委员会机构的一个基本原则应当是，国务院不能管理任何跨部门的小组，因为国务院做不好这件事，而且五角大楼永远不会接受来自国务院的命令。"

他说的这一点使我很兴奋。我赞同应当由白宫管理国家安全委员会的想法，但我没有计划。在约翰逊的领导下，国务院一如既往地管理跨部门的机构。因此，在这个基础上，我所要说的几乎完全和艾森豪威尔所说的无异，古德帕斯特拟定一个大纲，莫特·霍尔珀林写出一份备忘录，说明应当怎样组建这个机构。它按照现有的部门结构来管理，由国家安全委员会的顾问和工作人员主持会议。

在此之前，有一些被称为跨部门小组的机构都由负责该领域的助理国务卿领导。但是，除非国务卿坚持要求政策规划办公室的人员发挥权威性作用，国务院的工作方式基本上是拟写操作性的电报，而不是拟定战略性的指导方针。

此外，亨利，正如您所暗示的，国务院是特定立场的倡导者，就像五角大楼或经济机构那样，而白宫则是总统忠实的代理人。

这么说，尼克松在担任艾森豪威尔的副总统时见识过艾森豪威尔政府的国家安全委员会，而当时古德帕斯特是艾森豪威尔的幕僚长？

对。因此，组建国家安全委员会系统所依据的备忘录，从根本上说，是受到古德帕斯特的启发，并得到尼克松的批准。我对那段时间官僚机构的你争我斗一无所知。我不知道该由谁来主持什么。但这也成了一个非常大的问题，国务院的人对此强烈反对，这使尼克松与他们渐行渐远。所有这些事都发生在选举和就职典礼之间。

因此，尼克松从一开始就知道他想主导美国的外交政策。

毫无疑问。他在竞选中就这样说过。但当你说你想主导外交政策时，你并不知道这在操作上意味着什么。例如，要由谁来审批电报的最终稿，或者总统至少要为自己保留些什么权力，以及可以向其他国家传递什么信息。现在，十分之九的电报不可能由白宫来审批，因为这会使它不堪承受。但是尼克松从一开始就保留了这一点，我坚决支持他，说必须由白宫来处理重大问题的电报。这通常会带来一些矛盾。

那么，让我们回顾它的逻辑性，或是其组织结构，您和尼克松是如何利用国家安全委员会作为国务院、国防部、财政部和中央情报局之间的仲裁机构的呢？

它历经几个月的演变。但是，实际上我们有一个非常系统的概念，这个概念从一开始就得到了实施。我们接管了跨部门的各种小组。这些小组都是为各种议题或各种领域而存在的。正如我所说的，我们并没有改变这些小组的结构，但我们让国家安全委员会来担任这些小组的主席。你说的是作为"仲裁机构"，但我们所推动的外交政策，全部基于我们参与其中进行观察的过程。

所以我们想确保两件事。确保每个部门都有听证会，每一种观点都会得到阐述，即使它并非源于某个部门。我敢打赌，在我们想要达到什么目的的问题上，我们所召开的会议比任何类似的政府都多。

从一开始你们就有这种完整的一系列有关国家安全的备忘录，要求各部门提供数据和想法。

对。我们通过发送关于所有主要议题的调查问卷开始了这项程序。为此我们召开这些跨部门会议，然后将要点提炼到国家安全委员会的会议上。但是，在召开国家安全委员会会议之前，我们，即国家安全委员会的成员，为总统准备了研究这些问题的备忘录。通常有两种类型。有一种是非常详尽的备忘录，列出各种备选项，说明我们对这些选择的理解及其历史背景，还有一种是备忘录摘要，上面写着："这将在国家安全委员会会议上呈现，并将以这些选项的形式呈现。"

会议以这种方式进行，在会议上不做出任何决定。会议通常以我简要介绍各种备选项开始。因此，如果每个部门的出席人员认为我们在国家安全委员会里没有充分表达出他们部门的意见，他们都有机会发言。尼克松倾听辩论。会有一次讨论，然后尼克松会从会议中抽身，研究这些选择。他通常会在几天之后以决策备忘录的形式来宣布他的决定。

如果我没记错的话，呈给尼克松的文件都是篇幅相当大的研究备忘录，但我想说，他看过百分之九十，另外还有一份至少有五到十页的摘要备忘录。当时会进行讨论，然后就结束会议，尼克松带着给他的文件离开。

从性格上来看，尼克松是一位离群索居的人。他不喜欢在他周围有什么自由自在的争论，因为如果出现这种争论，他不得不支持这一方或那一方。他喜欢听争论，但不愿意置身其中，因为他不得不说"你说得对"。他喜欢吸收争论的内容，考虑考虑，然后像最高法院的法官一样，以书面形式宣布他的决策。

因此，在日常的实际事务上，尼克松不喜欢对他的思考无所补益的大多数人。就我所见过的其他许多总统而言，他的日程安排更为有限，在行政办公楼里有一个他为自己创造的静居之处，他在那里待过很多时间。

他利用在那里的时间阅读材料。所以我在一天中会与他多次见面，保证每天至少一次。但并不是正式的汇报，我们早上在那里散步，说："这是白天发生的事。"那是一种连续性的交谈，因为有可能在五次中会有三次，他在晚上给我打电话，或者说，来吃个饭吧。那种连续性的交谈，你可以说，分成不同的内容，基于我对日常事务的管理，要告诉他发生了什么事，然后还要汇总。他不想被许多技术细节所困扰。但是一旦它变成了政策性的问题，那他就需要知道，并且想知道。中国当然是一个首要问题。

他想了解所有与中国有关的问题。

在我看来，尼克松的这种做法也适用于您外出谈判的时候，您会寄给他一份关于他想要实现的目标的战略备忘录，然后他会让您自行处理谈判的细节。

嗯，起初我从来没有设想过我要出面谈判。这没有包括在原来的方案里。但是，随着事态的发展，尼克松意识到，或发展出这样一种观点，即我了解官僚机构的操作细节，也了解他的想法。

温斯顿刚才说的完全没错。在我离开之前，我们会写出确实是很长的备忘录，我们会在备忘录里说："这里是这个问题，这里是这个问题怎样演变的情况，这里是我们所要达到的目标，或者是我们应当有什么目标。"然后我们通常会写一份单独的备忘录，上面写道："这是我想说的，这是我们打算如何回应的。"尼克松会在上面写下很多批注和评论，我们当然会把他的这些意见纳入其中。但是，如果我开始了我的行程，我就每天给他写一份报告，他从来不干预。我想不出他哪一次干预过。

23　　那么，在尼克松进行这个决策过程时，您让国防部和国务院了解什么?

那要视具体情况而定。实际上,对实际备选的方案的探讨都会让所有部门知道,因为它们是决策过程的一部分。你必须记住,这是一个疯狂的泄密时期。因此,我们那些几乎都会被泄漏出去的备选方案的选择程序,都是非常开放和透明的。尼克松想要做出决策时,他就会限制知情者的数量。

我举一个例子吧。大概是在他那届政府执政的第四个星期,我们在某个星期六召开了一次国家安全委员会会议,研究有关中东的政策。会后尼克松对我说:"如果我们俩都去沃尔特·里德陆军医疗中心向老先生汇报这次会议的情况,告诉他究竟是什么问题,他会很高兴的。"于是我们就去了,我简要地向艾森豪威尔说了所发生的事,尼克松给出了自己对此事的解释。当时他还没有做出决定。那是个星期天晚上。

星期一早上,国家安全委员会的这次会议的所有内容都刊登在《纽约时报》(即我们向艾森豪威尔报告,对他说明发生了什么事的那一次国家安全委员会议)。我接到艾森豪威尔的助手舒尔茨将军打来的电话,他对我说:"将军想和你谈谈。"艾森豪威尔使用了我以前不可能把那种语言与他联系在一起的语言,说这是一场多么可耻的表演——我们告诉他的那些高度秘密的事全都刊登在报纸上了。

因此我说:"您是在为此责怪我吗?"结果这使他再次大发雷霆:"不要把你的感受扯进来。这是你为国家做的工作。"于是我就说:"我们已经在这里待了六星期了,我们一直在试图控制泄密的问题,但我们似乎无能为力。"这又引起了一场几乎会让他气绝的震怒。要记得,他当时因为心脏问题在沃尔特·里德医疗中心住院。我想,他对我说的最后一句话是:"年轻人,这是你应当接受的一次教训。永远不要对任何人说,你做不了托付给你的工作。"

三　向中国开放

尼克松总统最显著的外交政策成就是向世界五分之一的人口开放。半个世纪以来，这改变了全球架构，建立了当今最重要的双边关系。

现在有些人认为，这一突破是不可避免的，但是，这种判断严重地掩盖了当时的政治现实。华盛顿和北京在朝鲜半岛上进行过残酷的战争，二十年来两国一直处于相互孤立和敌对的状态。中国称美国为头号敌人。美国认为中国比苏联更激进。

为了跨越这道鸿沟，尼克松政府走两条平行而互相强化的路线——在公开场合通过正当的手段表达美国的意图，并秘密地与北京方面进行直接沟通。

这个小心翼翼的过程历经两年多时间，终于在一九七一年七月基辛格秘密访问北京时达到高潮。在四十八小时之内，双方一致同意尼克松进行一次访问，并探讨了访问议程的主要问题。

* * *

26　尼克松政府和您本人最著名的事是向中国开放。尼克松在当选的前一年就对这一点做出了预言，他在为《外交事务》写的一篇文章中说，中国应该成为国际社会的一部分。您进入政府任职时也是这么想的吗？

碰巧的是，我们俩在进入那届政府时，都认为这是我们想要做的事情。尼克松的想法主要是关注把中国纳入国际体系中的一部分所蕴含的重要政治意义。在出版的各种传记中，你会看到那些年来，在我探索越南和平谈判的过程中，我不断遇到中苏争端。因此，我有更多的想法，如何利用中国来对抗苏联，只是不知道要如何做到这一点而已。

我一直在考虑以中国来制衡苏联的方法。他则认为，如果建立一个国际体系，中国必须参与其中。这没有太大的区别。这正是我们过去的亲身经历。我们俩很早就决定，我们要努力实现与中国的对话。

尼克松在就职一周后的二月一日给您发了一份关于这个问题的备忘录。

是的，这是一个固定原则，我和他，不管是以他的方式还是以我的方式，都认为我们必须从与中国对话开始。所以，这是我们共同的想法。

这一点的意义在于尼克松是以反共开始其生涯的。此外，传统观点认为，由世界上两个最大的共产主义国家组成的中苏同盟是坚不可摧的。您和尼克松什么时候看到这个同盟可能出现裂痕，从而让美国有机可乘？

我猜想，大约是在第一年的四五月，也就是一九六九年，我们有了推进这种想法的真正动力。中苏两国的军队在中苏边境线上发生了一系列冲突，我们请兰德公司的人向我们介绍这些冲突的意义。在地图上看这些冲突，它们中的大部分都发生在苏联据点附近，远离中国的据点，由此我们推断苏联很可能是挑衅者。

苏联人向我们介绍了这些冲突的基本情况，使他们自己的处境更加复杂化了。通常情况下苏联人并不会向我们通报他们的问题。于是我们就想，"也许他们是想找个借口来进攻中国"。后来的结果是，我们现在可以从中国的文件中得知，中国人非常重视这件事，他们把大部分部长都派到农村去了。

因此在一九六九年夏天，我们采取了一个立场。尼克松和我进行辩论，假设发生了一场冲突，我们要站在哪一边？我们的结论是，这是一场平衡力量的冲突，如果你不知道该怎么做，那就支持弱者反抗强者。我们的最低限度是不希望中国像捷克斯洛伐克那样被占领。因此，我们请政府中的一些高级官员——中央情报局局长迪克·赫尔姆斯和副国务卿埃利奥特·理查森发表讲话，说我们不会对任何征服中国的企图无动于衷。同时我们也在努力寻找一个可以对话的地方，或者寻找一个去北京的渠道。

28　　我认为也要提醒人们，在过去的二十年里，美国与中国没有外交关系。

中国在国外几乎没有外交官，因为他们在"文化大革命"期间都被召回国了。一九六九年四月我们参加了夏尔·戴高乐的葬礼。在爱丽舍宫举行的一次招待会上，尼克松对我说："中国大使，作为中国的代表也在场，如果你发现他身旁无人，就走到他跟前，告诉他我们想谈谈。"

但是没有发生这样的事,因为中国大使从来没有独自一人出现。我一直在寻找机会。这没有成功,我们得出一个想法,唯一可能发生这种情况的地方是在波兰,因为波兰一直是与中国对话的指定联络点,尽管已经有很多年没有进行对话了。因此,我们指示我们驻波兰的大使——我说的"我们",指的是我指示他,当然是经尼克松的批准——他应该在下一次公共活动中(不管是什么活动),走到中国大使跟前,说我们想要对话。

美国大使认为"这是操纵着国务院的国家安全委员会的又一个恶毒的主动行为",对此置之不理。顺便说一句,沃尔特·斯托塞尔大使是个杰出的人。所以我请他回华盛顿,让他去总统办公室。尼克松重复了这一指示,斯托塞尔在南斯拉夫大使馆的一场时装秀上这样做了。中国大使没有得到任何指示,就跑走了,我们的大使追上他,向他传递了这个请求。

你们知道你们想和中国建立关系,但你们没有沟通的渠道。你们在巴黎戴高乐葬礼的招待会上有过尝试。通过美国大使在波兰的一个招待会上也试过。

你们也通过罗马尼亚试过。

那么，你们是怎样与中国人沟通的呢？

嗯，我们还试过一条法国渠道。我们派了一个与戴高乐关系密切的人，他曾经任驻河内大使，因此认识越南战争中的共产党人一方。这事我们从来没有得到任何回复。无论如何，一九六九年夏天，尼克松在一次环游世界的访问中向巴基斯坦总统表达了同样的意思，说我们想要对话。

是因为知道巴基斯坦人和中国人很亲近吗？

只是这样认为而已。我们不知道他们的关系有多亲密，大约两个月后我们得到了答复。现在回想起来，回过头来理解这件事，我们当时没有完全理解，中国人认为这可能是苏联要对他们发动进攻的时候了。当时的苏联部长会议主席阿列克谢·柯西金于九月在河内参加胡志明的葬礼，在回国途中改变了飞行方向，带着一条信息飞往北京。中国人认为他会带去最后通牒，因此他们的回应是只在机场与柯西金会谈，而且只是与周恩来会谈，而不是与毛泽东会谈。

你们还能监控到这个？你们知道这事正在发生吗？

我们知道会面正在进行，我们也知道柯西金改变了飞行方向。我们不知道中国人的想法，因为我们和他们没有联系。我们认为，总的来说，局势可能会爆发。但我们不知道。我们没有看到会面中的最后通牒部分，其实也没有发生过这事。

不管怎样，中国和我们商定了一条巴基斯坦渠道。巴基斯坦随后向我们传递了中方的第一条信息。在其后两年时间中，总共经由巴基斯坦渠道传递了五条令人满意的信息。

在公开辩论中，这事常常被描述为周恩来和我之间的对话。我准备过一份答复的草稿，就这个意义来说，我有过对话。但中国人不是在和我打交道。他们是在和尼克松打交道。

中国人的信息是手写的，由北京的信使送到伊斯兰堡，然后再被送到华盛顿。

巴基斯坦驻华盛顿大使把它们送到亨利的办公室。

所以每一条信息都要花一星期时间才能送达。我们用没有水印的纸在打字机上打出信息答复。

所以你们可以不承认这一点？

是的。所以每次信息交流都要花几个星期的时间，每一方交流的信息都不超过四五句话。因此，在某种程度上，每次交流都是宝贵的。每一次交流都类似于一场演习。交流刚开始时中国人说他们准备谈，但只谈台湾问题。我们退一步说："我们谈的时候，每一方都应该能够介绍它所要谈的主题。我们准备就每一方都能做出贡献的议程进行交谈。"

于是这件事就慢慢地转移到中国人接受公开议程的问题上。

这本身就是一项成就，因为，多年来他们说，除非我们先解决台湾问题，否则他们是不会跟我们对话的。

在日内瓦和华沙举行的一百三十六次会谈都在这个问题上谈崩了：美国要求中国宣布它将以和平方式解决这个问题。中国人要求我们同意台湾回归中国的原则以及只有一个中国的原则。由于双方都无意同意对方的条件，这些会谈完全没有结果,温斯顿说得很对。这的确意义重大。

当时您知道中国的这种让步对于商定一个公开议程所具有的意义吗?

是的。事实上,除非明确表明会议议程将远远超出台湾问题,否则总统和基辛格博士不赞成派一个特使去中国,弦外之音是中国人可能愿意把台湾问题放到一个更长远的将来去考虑。他们有其他动机,比如制约苏联人和摆脱他们自己的孤立。

我来回顾一下我们自己的内部组织问题。之前通过波兰提出的倡议最终导致中国驻波兰大使亲自到美国大使馆进行对话。实际上进行了两三次会谈,这揭示了官僚方式的差异。这是一个半开放的程序,对于每一次会议,官僚机构都准备了一份关于应该讨论的问题的冗长的文件,这些文件的内容我都忘了……十项或十五项。每举行一次会议,官僚机构都想要向二十多名国会议员和若干政府部门介绍基本情况。

所以尼克松说:"他们会导致胎死腹中!"我们正在思考这个问题时,一九七〇年春天发生了柬埔寨危机,中国取消了原定的会谈以示抗议。然后我们再也不使用那个渠道了。

与此同时，你们在建立自己的白宫传递消息的秘密渠道？

没有。最初几个月的谈判是在华沙进行的。中国人取消一九七〇年四月的会谈时，我们才开始建立白宫的传递消息渠道。我已经说过了第一次使用这个渠道的尝试。他们促成的在波兰的一次对话，是通过正常的国务院渠道进行的。那个渠道停止使用后，我们使用了白宫渠道。

那么，您是如何促成一九七一年七月的秘密访问中国的呢？

那是通过白宫渠道演变而来的。还有一件事情要考虑。官僚机构中没有人非常渴望参与和中国的谈判，因为他们非常害怕国会的反应，非常害怕媒体的反应。并不是说媒体会怀有敌意，而是媒体会强迫他们做出很多解释。因此，波兰的渠道陷于停顿时，我不记得国务院有哪次回头对我们说："难道我们不应该再回去和中国人谈吗？"

这件事暂时处于休眠状态，他们似乎反倒很高兴。

正如我们所讨论的，他们的一些苏联问题专家担心这可能会损害我们与莫斯科的关系。

确实如此。这一点非常重要。随着这条渠道的发展，国务院的专家们，特别是苏联问题专家，意识到它会对中苏关系所产生的影响，其中的两位——波伦和汤普森——拜访总统并警告他，如果他继续奉行这项政策，如果他真像他们所认为的那样获得成功的话，将会导致战争，因为苏联人不会接受这种结果。

所以您和尼克松明白，与中国建立关系并不会损害与苏联的关系，事实上，它反倒可能会改善与苏联的关系？

一开始我们一点都不明白。我们认为凯南、波伦和其他人可能是对的。
但是我们信奉许多原则。其中一条是温斯顿刚才提到的。我们不希望苏联是共产主义世界的唯一发言人，我们要分化共产主义世界。第二，我们想要发出一个倡议，表明我们具有全球视野，而不仅仅是限于越南的区域观。第三，我们认为，如果它起作用的话，可以用中国来制约苏联。我们认为这些目标极为重要，因此尼克松宁愿冒招致苏联不满所带来的风险。我们不知道苏联会如何反应。

尼克松做了他在这些情况下经常做的事。他愿意冒这个险。他说他违背这些大使的警告而行事，因为他认为，我们不能把我们自己置于一种境地，让苏联可以通过威胁要占领这些国家而控制整个共产主义世界。因此，在一九六九年夏天中苏战争的威胁出现时，我们做了没人预料到的事。我们发表正式声明，表明一旦发生战争，我们可能会同情遭受攻击的受害国，即使我们与它没有外交关系。

肯定也通过我们传递消息的秘密渠道。

是的，还有通过传递消息的秘密渠道。

意味着你们不会袖手旁观，实际上还可能帮助中国人？

这就向中国人、同时也向苏联人发送了一个信号，说我们会站在哪一方。所以它很管用。在我看来，向中国开放的最后一个好处是，就像后来产生的结果那样，我们甚至在那时就知道，无论越南战争的结果如何，它的含义都不会明确，不会是第二次世界大战那种类型的胜利。因此，如果美国人民看到向世界四分之一人口的引人注目的开放，就可以缓解撤军所带来的痛苦，并把它化为对今后的展望。这也有助于放开我们的外交手脚，并向世界表明，我们并没有因这场战争而一蹶不振。

对。

您去中国，接着尼克松去中国时，知道会产生如此深远的影响吗？

知道。我们知道这是最富有戏剧性的事件之一。但是，我秘密去中国时，我们并不知道等待我们的会是什么，因为我们所达成的全部协议只是双方都表明自己的观点。

你们谋求与中国人建立关系时，在您刚刚描述的早期阶段，美苏关系是什么样的？

尼克松的政策是同时维持美中关系和美苏关系，事实上，我们计划举行两次首脑会议，两个国家各一次。实际上，一开始我们更倾向于先举行一次美苏首脑会议，然后我们开始与苏联一起探索，当然，苏联人并不知道我们正在计划举行一次美中首脑会议。苏联人认为他们可以利用尼克松对在莫斯科举行首脑会议的明显期望而在德国问题的谈判中要挟我们，让我们做出某种让步，承认德国战后的边界。

我们把它与柏林谈判联系起来，扭转了这种局面。无论如何，当苏联人明显地企图利用首脑会议来要挟比我们准备给予的更多东西时，我们首先把重点放在在中国举行的首脑会议上。

在去中国的途中，我们甚至再次向苏联人提出先举行美苏首脑会议，但是他们拒绝了。然后，我们就进了中国国境。但有趣的是——

但我们是同时计划的。

对，基辛格博士的中国之行宣布之后，几星期内苏联人就同意举行首脑会议了。

对。他们同意举行首脑会议。

我们就这样引起了他们的注意。

所以你们掌握了主动权。他们以为他们可以利用你们,而你们反过来利用了他们?

是的。但重要的是,尼克松踏上了这条路,即使他认为中苏之间有可能爆发战争,即使他一度认为,这两次首脑会议都悬在空中,我们可能会尽失这两次机会。

当时白宫的情况如何?你们把一切都押在与中国的首脑会议和与苏联的首脑会议上,两者都可能崩溃。情形很紧张吗?

嗯,我们认为,如果你仔细研读一下中国的文件,他们肯定是在朝着向我们开放的方向走来。无论如何,这就是我们的信念。但那是一个很不稳定的时期。

中国人也感到孤立无援。我想,他们认为,如果他们与我们一起开放，那么欧洲和日本就会接踵而来。他们就会进入联合国。除了想制约苏联人外，我认为他们试图利用我们来摆脱孤立状况。

他们当然有自己的目标。但他们最初几年与我们之间的关系，主要出于对来自苏联的攻击的恐惧，他们想让我们作为一种制约力量，却又不想承认这是他们的目标。

所以，关系是这样的：美国有自己的目标，中国人有自己的目标。两者的目标相吻合。你们很早就看出中苏的分裂，并加以利用。

在尼克松政府的初期，当时如果有人说，在有限的时间内，我们将同时改善与苏联和中国的关系，然后，在我们向中国开放之后，我们将与苏联进行一系列谈判，人们会说："这绝对是一种幻想。"

苏联是否认为美国和中国有机会改善他们的关系？

是的。嗯，有趣的是，当我确信我们不能以我们自己的方式赢得越南战争时，我作为政府外的国际研究小组的成员，参与不同的东欧研究小组，了解他们对以谈判方式来解决问题的想法。在那些讨论中，比如，他们暴露出，在捷克斯洛伐克事件中，他们害怕中美两国改善关系，因为他们认为这会导致苏联对东欧的镇压。

因此，我们就任之时，那种想法已经深深地植根于我自己的方法中。

所以，在您自己的想法中，您已经开始意识到有机会向中国开放吗？

理论上我是这样想的，是的。我知道这是有根据的。但坦率地说，我对毛泽东的了解不多。我接受了传统的想法。我和温斯顿在去中国的路上时，中央情报局发表了一份关于中国问题的研究报告，其中列出了中国可能想要接近美国的所有理由，但是他们指出，只要毛泽东还在世，所有这一切都不可能发生。

同样，苏联人试图让我们在一九六九年的危机中与他们站在一起对抗中国。

在这期间，我们一直在潜在的高风险中摸索，这一点

三 向中国开放

对理解尼克松真的很重要。我的意思是，如果他们在中国把我拿出来示众，说美国人跑来投诚，或美国人放弃了他们的主张，尼克松就会被摧毁。他就会掉进陷阱。但是，面对困难时他神情自若，非常冷静地坚持美国的立场。

一九七一年七月尼克松一直对我们说"现在要非常小心"。所以我们按兵不动。我们出发时有人对我们说，"把这件事做好"。在中国的时候，我没有任何可以和他联系的通讯手段。

任何人都很难理解，那时候我们和中国根本没有任何关系。在那里时，您无法与白宫联系。

我们没法和尼克松联系。即使我拎起电话机，我也不认为可以联系到他。他们没有这种技术手段。

虽然我们希望能就这次总统的访问事宜做出安排，但我们在出发之前根本没办法保证做到这一点。这就是为什么您需要第一次的秘密之行，去探索具体条件，而不是让每个人都面临潜在的灾难。

看看我们会谈头两天的谈话记录，你就会知道，周恩来和我之间的谈话听起来就像两位大学教授在讨论国际体系的本质。

所以，在星期六晚上，我们还有大约十二个小时的时间。会谈结束了，因为周恩来得去参加一个晚宴。我说："我们该怎么度过这个晚上呢？"他说："首先，我们必须谈谈这次访问的情况。"

我说："什么访问？"

他说："两次访问都谈。"

因此，那时我们知道了，我们就要得到发给总统的邀请了。但是那时周恩来离开了，我们只好拟一个草案。

而问题是，他们想让事情看起来就像是尼克松渴望访问中国，而我们想让它看起来像中国极希望尼克松去访问。

确实如此。我们上床时那个问题还没有解决，直到我们离开之前两个小时才得到解决。

四　尼克松—毛泽东会谈 40

在那之前及从那以后，再也没有像一九七二年《上海公报》那样的外交文件了，它是总统访华的结晶。它在感情上和结构上都是独一无二的，时至今日仍在被援引。

首脑会议产生了立竿见影的结果和持久的反响。实质性的突破是通过发表单方面声明来巧妙地表达分歧，把棘手的问题放到以后解决，并在这种开诚布公的背景下处理共同的战略目标。

这一结果符合成功的谈判的典型前提——双方都是胜者。中国摆脱了还在进行的"文化大革命"的外交孤立，摆脱了其北方邻国的威胁，获得了一种安全感。美国与这个伟大的国家建立了密切关系，同时保留了与台湾在政治上和安全上的关系，也由此立即突破了与莫斯科的关系，并在越南谈判中得到帮助。

从更广泛的意义而言，华盛顿在国内外事件的阵痛中表现出外交上的敏锐，提振了疲惫乏力的美国人民的士气。

* * *

美国和中国已经有二十五年没有对话了。您是如何为尼克松总统的这次访问做准备的？

安全事务助理必须了解总统的工作模式，并且要了解得很具体。到那时为止，我们已经亲身参与拟写大量让尼克松阅读的报告；感觉出他在为同任何人的会面而做准备，特别是通过阅读尽可能多的材料来为具有如此重大历史意义的事件做准备。

温斯顿·洛德主要负责整合材料。我们做了一些思考，这些思考的成果由温斯顿拟写，由我审阅，他收集了所有的材料。因此，尼克松为这次访问准备了大量的简报册。此外，在一九七一年七月的秘密访问到一九七二年二月尼克松的访问期间，我和我们的国家安全委员会团队于一九七一年十月访问了中国，从那时起我们开始草拟公报。这样做的原因是，我们不想，中国人显然也不希望出现在首脑会议期间的三四天时间内匆忙起草公报的局面，这样可能会造成紧张局势，使事情变得难以控制。

所以，在一九七一年十月，温斯顿·洛德和我，以及秘密访问团里的成员，加上后来为住宿而进行实际准备工作的尼克松访华先遣队的成员，去了中国比较长的一段时间，我想大约是一星期时间，我们开始起草后来的《上海公报》。我们带去了一份传统型的公报，里面有很多措辞模糊的协议和一般性的语言。我记得，起初周恩来似乎愿意就这样一份公报进行讨论。但是第二天他回来了，说毛泽东认为里面都是胡说八道。

我们实际上给了周恩来一份草稿，他带走了，第二天回来了。

没错。我们给了周恩来一份草稿，我说他似乎愿意讨论那份草稿时，我指的就是这一份。正如我们前面说过的，第二天他回来，说毛泽东完全拒绝了这份草稿，因为它给人造成了错误的印象，他说最好的办法就是起草一份公报，让双方尽可能清楚地表达不一致的观点，并列举几条协议。他认为，第一，这将准确反映局势；第二，这将显著突出我们确实达成的协议。

此外，这次十月份的访问是在林彪下台后的几个月内进行的（林彪自一九六九年起就被指定为毛泽东的接班人）。我们到国宾馆时发现了一些关于"美帝国主义"的小册子。我们把所有这些文件都收集起来，我们的工作人员把它们交给一位礼宾人员，说："这些文件是之前的一群客人留下的。"第二天周恩来说："记住，我们有时会放空炮弹。"周恩来以此明确表示他与那些小册子的事无关。

那么，这些是中国人故意留下的吗？

肯定。难以想象这可能是出于意外。

我们回到公报的事吧，这种建议把阐明分歧作为强调关键性协议的方法，就是那些想法之一，让你看到时不由得会对自己说："为什么我没能想出这样的主意呢？"

现在我们处于一种困难的境地，因为我们就在北京干坐着，又不能与华盛顿进行日常联系。而他们提议要改变公报的整个结构。但我有信心，不管尼克松在背后对某些人说些什么，他都不会不支持以他的授权为名而进行的谈判。因此，我相信，如果我们以最佳方式得出结果，他会支持我们的。第二，我深信他会同意这是一个好主意。

而且，通过双方都表明自己的观点，公报不仅更为可信，同时还可以消除美国国内公众的疑虑，又不会使我们双方的盟友紧张，认为我们已经就某种秘密的观点达成协议。这真是前无古人。

从来没有以这种方式起草，或是有这种结构的外交文件。

您早些时候说过，尼克松会对他想要的战略目标有一个想法，但由您来决定如何实现这个目标。尼克松在其中国之行和《上海公报》中的目标是什么？

关于长远目标，尼克松和我意见一致。尼克松比我更清楚国内的影响。但是我们历经几年的时间向美国公众提出了越南和平的前景，他看到了让美国人民知道他们有一个具有世界和平前瞻的总统的巨大好处。这就是独特的尼克松式政策的一个方面。他和我都很清楚这会对苏联产生什么样的影响。

我们还没有详细设想如何才能把开始时的一次性影响，变成永久性的影响，从而使我们自己处于一个与中国和苏联两国之间的关系比他们两国之间的关系更为密切的位置。但我们在起草的年度总统报告（每年二月出版）中预示了这一点，尼克松批准了这份报告并记住了这一点。对这一主题的深刻理解，成为我所接触过的总统中相当独特的一面。

《上海公报》以什么方式成为一份独特的文件？它与其他首脑会议的文件或公报有何不同？

这里是两个众所周知的对手，他们举行了总统级别的会晤，并拟写出一份相当长的文件，对所有一系列问题无一遗漏，说美国的观点是……中国的观点是……在一些问题上，这些观点相当对立。每一方都可以自由地阐明自己的意见，但每一方都允许对方就其观点发表评论。

举一个例子，我对周恩来说："如果您修改这一表述，我们将在我们那部分为您的观点预留位置。"他说："我不想那样。如果您能说服我修改这一表述，您就不必把我的观点放在你们那部分里。"这就是谈判公报时所用的方法，对双方都极为有益。我们可以在越南问题上阐述不同的观点，也可以在许多问题上发表不同的意见，但这对于处理台湾问题来说极为完美，因为它使我们能够在不做最终决定的情况下承认一个中国。

对我们来说，问题是如何承认一个中国，同时又不撤回对台湾的承认。为此我们想出了一个方案，获得很多赞誉。但是，我是从亚历克斯·约翰逊（乌·亚历克西斯·约翰逊大使）一九五四年向国务卿约翰·福斯特·杜勒斯提出来的建议中获得一些启发，那是我在翻阅国务院文件时发现的。

一九五四年亚历克斯·约翰逊向杜勒斯提出，美国应该处理台湾问题，说在解放战争中，双方都承认只有一个中国，而美国政府对这一立场不提出异议。我把它作为我们的建议提出来。

因此，换句话说，我们没有接受它，我们只是没有去挑战它。

所以你们每个人都可以说"中国"，但每个人的心中都有一个不同的中国？

是的，我们说过冲突双方都认为只有一个中国，然后我们又补充说，美国政府对这一立场不提出异议。这写在我们的单方面声明里面。他们的单方面声明就写得更多了，但如果把他们的单方面声明也加到我们的单方面声明里面，就可以用来指导我们在今后的时期对台湾问题所要设法采取的立场，我们肯定了一个中国的原则，但不要求我们来决定当时谁代表一个中国。

在前几次访问中都没有就这一表述达成协议，只有在尼克松访问期间才同意。

可以这样说，除了台湾问题之外，十月份的访问解决了公报的大部分问题。

我们搁置了台湾问题。虽然讨论了这一概念，但直到首脑会议时我们才正式提出这一概念。

亨利，您不会说中国在这个问题上做出了重大让步吧？多年来，他们一直说"我们必须解决这个问题。这是唯一的议程项目"。他们一路走到我们向他们敞开大门的局面，同时又推迟了这个问题。

也仍然在台湾驻军。

仍然还有驻军，我们说过，只有在越南平静下来的情况下才会撤军，以此激励中国逐步缓和越南战争。

是的。我们将从台湾撤军的问题与解决越南问题联系在一起时，我们将台湾问题与解决越南问题联系在一起。

最后一点是，在尼克松访华结束时的记者招待会上，在事先通知周恩来之后，您申明了我们对台湾——是中国的领土——的条约承诺。当然，我们必须在一个中国的原则上向前迈进，但是，中国人所跨过的距离是非同寻常的。

您知道他们会把那种灵活性带到首脑会议上吗？

十月抵达中国时，我们从七月的访问中知道他们很想解决这个问题。在二月和尼克松一起去时，我们知道我们在《上海公报》的文本里删掉了台湾问题部分。但我们对最终缔约很有信心。《上海公报》中最棘手的部分是，在我们结束讨论之后，尼克松和毛泽东都通过了——问题是国务院还没有人看过它。

所以我们在中国的倒数第二个晚上，当时在杭州，我们认为公报完成之后，这一切都结束了。然后我们让国务院看《上海公报》。不可避免的是，那些对谈判感兴趣，却没有参与谈判的人认为他们本可以做得更好，因为他们不知道谈判发生的所有背景。所以国务院提出了许多我认为是不相关的问题。例如，我们在草案中表示，美国认识到，在台湾海峡两边的所有中国人都认为只有一个中国，台湾是中国的一部分。美国政府对这一立场不提出异议。国务院说："你怎么知道所有中国人都这样认为？"他们百般挑剔，我们把他们的意见交给正准备更衣吃饭的尼克松。尼克松说，他支持公报草案，如果必须这样做的话，他将绝对坚持这一立场。但是，我忘记了，国务院提出的十到十五处相对较小的变动，如果我们能使中方接受，这将对他有极大的帮助。

因此，在杭州的宴会结束之后，我要求和周恩来会面，告诉他尼克松和毛泽东批准的文本必须重新讨论。正如你所能想象的那样，他大发雷霆。但最后他说："我们为什么不去处理这事呢？"因此我们查阅了公报并发现——我不知道有多少地方——中国人愿意在那些可能使文件更加完善的地方做一些调整。但这些都不是重大问题。

所以中国人认为你们是想重新谈判《上海公报》吗？

是的，因为我们这样做了。但我向他们解释说："如果你们坚持如此，我们也会坚持这份文件。但这将使它在美国更难受到欢迎。"周恩来的一位助手，后来当了驻华盛顿大使，他的英语词汇量极大。他是个天才，找到了一个符合双方要求的英语措辞。

有一个问题，除了与台湾的联盟外，我们重申了我们所有其他的联盟。国务院提出的"不要再重申了"的建议是正确的，这样台湾问题就不突出了。所以在第二天的新闻发布会上，您删除了所有提及联盟的内容，却重申了与台湾的联盟。我想，这是唯一有重大意义的事。

是的。我不是说国务院错了。他们的许多建议是很有用的，虽然不是实质性的。

是的。那是唯一的一次。

这就是在谈判接近尾声、你历经磨难之后会出现的那种事情。但无论如何，这是一个戏剧性的事件。我们直到凌晨四点才处理好这件事。《上海公报》定于中午左右发布。

我们写进《上海公报》中的一个要点是针对莫斯科的反霸权条款，这是我们确实达成一致的领域之一。

从中国的角度来看，反霸权条款是最重要的问题之一。但从我们的角度来看也很重要。中美双方都同意，两国都不会称霸，这意味着中国不会入侵任何地方。第二，我们反对任何其他国家建立霸权的努力。在日常政策中，它比台湾问题的条款更重要，因为台湾问题的条款只是使我们可以把事办成。

那么，首脑会议结束时，你们是否觉得达到了来中国的目的？

我认为，尼克松图书馆的档案里，必然有尼克松和我在此行结束时在他的酒店房间里进行的谈话记录，我们在谈话中总结说，首脑会议改变了过去的战略平衡，但最重要的是，给世界带来了新的希望。

我来说说那次谈话。你知道，非常难以以正常人的方式和尼克松接触，因为除了少数与他非常亲近的人外，他很不合群。但这次谈话是一个很好的例子，在获得一次伟大的胜利后，他没有滔滔不绝地说他为此做了些什么，而是问这对美国和世界意味着什么。

我认为美国国内的反应是正面的,这要归功于电视的报道。

是的。但是,在我们进行谈判时,他不知道会有那种影响。

他不知道,乘"空军一号"回国时,我们担心在美国国内会有什么反应。

您有想过回美国后会发生什么事吗?

我在返回华盛顿的途中度过了一段糟糕的时间,因为帕特·布坎南(一名保守的工作人员)在"空军一号"上,他指责我造成了一场即将到来的灾难,这是个错误。那是尼克松的慎重承诺。不,我们并不知道会发生什么事。结果却是,我们回国后得到了比我们所预料的更好的反应,甚至保守派对我们也是这样。

对台湾有什么影响?

台湾不会赞赏这事。对台湾来说，最关心的是如何减少损失，如何在新的环境中生存下去。我们尝试尽力帮助他们适应环境。

我们所观察的，主要是对苏联的影响。

五　谋求稳定对苏关系

核超级大国之间的冷战迫使美国调和康德所说的两个道德义务，即"捍卫自由的义务和与对手共处的必要性"。我们永远不会放弃核心原则，但除非我们幸存下来，否则我们就无法维持这些原则。

二十年来，美国和苏联一直在进行一场全球性的竞争，其间不时出现真正的危机。尼克松政府在最初的两年里抵挡住了压力，但在缓和紧张局势方面进展甚微。苏联的核武库不断增加，各方面的谈判陷入僵局。

对中国的开放打破了这一僵局，在首脑会议、军备控制和柏林协议方面都取得了迅速进展。一九七二年五月总统对莫斯科的访问促成了重大协议。

尼克松和基辛格因此实现了他们所追求的目标，与两个共产主义巨人建立起好于他们彼此之间关系的关系。

不可避免的是，与莫斯科的竞争将持续下去。但尼克松政府给其继任者留下了一个更稳定的关系，继任者又为取得冷战的和平胜利而努力。

* * *

在你们与中国对话的同时，你们也在与苏联就军备控制问题和在莫斯科举行首脑会议的问题进行谈判。对中国的开放是如何影响与苏联的关系的？

我们与苏联进行了一系列谈判。我们的最初计划是把这些问题合并在一个首脑会议上，并利用与苏联的首脑会议对中国产生更多的刺激。但随后苏联企图且实际上利用首脑会议的前景要挟我们，峰会陷入停滞。所以我们扭转了这种进程，"好吧，我们先去中国"，苏联从来没有想到会这样。

我们不确定苏联会有什么反应。正如我所说，当尼克松开始对中国开放时，一群高级外交官员警告说，这可能会导致与苏联的冲突。我于一九七一年七月秘密访华时，那些警告仍然我们的脑海里浮现。因此，在通知苏联大使多勃雷宁说总统在讲话中将公开秘密访华的消息时，我们附上了一个非常强烈的警告,即我们不会偏离这一进程。我们不知道苏联是否会决定走向对抗。但是,他们在走向和解方面超出了我们的期望,在秘密访华后的三个星期内,他们建议举行尼克松和勃列日涅夫的首脑会议,并完全改变了对每一项正在进行的谈判的态度。

他们是否认为美国和中国会找到一个开放的机会?

我们没有看到官方的证据。尼尔·弗格森出版的传记提到我担任公职之前以一个普通公民的身份进行的两次交谈。在这些对话中,资深共产党人告诉我,他们担心中国人会开始走向我们,这将创造一个全新的局面。我记得这件事,但我起初并不认为它会产生我的苏联对话者所说的那种结果。

他们还在军备控制问题和柏林谈判上取得进展,美苏谈判的整体步伐加快了。

嗯,我们对苏联的一大优势是,如果没有柏林协议,他们就无法实现他们的对德政策;如果没有我们的同意,他们就无法达成四国柏林协议。因此,在他们没有选择强硬回应的几个原因中，其中之一是如此便会输掉他们的对德政策。

你们于一九七二年二月在中国举行了首脑会议，并计划在五月下旬与苏联举行一次首脑会议。但是，当北越发动春季攻势时，越南战争升温了。你们对此有何反应？这与中国和苏联的倡议有什么关系？

北越于三月底开始发动攻势，在四月初达到高潮。整个尼克松政府时期我们都在就越南问题进行谈判，但我们一直在警告北越，如果他们发动进攻，我们会做出大规模的回应。尼克松在中国时，我们克制了在越南北部的军事行动。春季攻势一开始，尼克松就取消了所有的约束，下令大规模增加我们的轰炸力量。

北越投入了他们的全部军队，他们正在越南一步步得势。四月我一直在莫斯科筹备尼克松的首脑会议，我曾经根据尼克松的具体要求警告过勃列日涅夫，如果不停止这次进攻，如果不撤回他们最近投入的部队，我们将采取一次重大的升级措施。我们与越南人举行了一次谈判会议，他们非常傲慢，认为他们已经胜券在握。所以，我从那次谈判回来时，尼克松就下令封锁越南。

在海防港布雷？

尼克松下令在所有港口布雷，轰炸行动升级。他在选举之前六个月，以及在拟定去莫斯科的两个星期之前就采取了这些行动。

中国人和苏联人知道北越在一九七二年春天会加强攻势吗？

如果中国人遵循越南的模式，他们一定猜到了。我不认为他们知道北越要发动攻势的具体日期，但猜中的概率很大。我们认为苏联人肯定知道。

所有这些专家都告诉你们，苏联会因为我们的军事反应而取消首脑会议？

他们的共识是苏联会取消。在国家安全委员会的内部计划中，我们以首脑会议会被取消来进行假设，问题是："我们应该在也许一个月之后重新安排首脑会议，还是把它作为当年努力的结束？"然而，面对这些评估，尼克松继续行动。

五 谋求稳定对苏关系

危机爆发一星期之后，苏联贸易部部长访问了华盛顿，并要求与总统会晤。通常来说，他的级别还够不上见总统，但是我们对此做了安排，听听克里姆林宫会说些什么。令我们吃惊的是，他清楚地表明，莫斯科考虑了要进行的访问，但这是在经过一个星期的不确定之后。它是苏联的一次重大让步。

当你们对北越的进攻做出反应时，你们是否预料到可能会在海防港炸到某一艘苏联船只？你们有没有预料到，如果这样，局势可能会升级？

我们认为这有可能会发生，但可能性不大。

我认为恰当地说，总统并不想去莫斯科，因为莫斯科作为河内的主要武器供应国，没有对河内的进攻做出强有力的回应。

如果苏联的武器在我们与越南进行的一次延长谈判结束时打败了美国军队，他就不能去。尼克松绝对清楚，他不能容忍北越的胜利。

这需要一些勇气,因为我们需要就《限制战略武器协议》和其他各种协定进行谈判。这是一次重大的首脑会议,他愿意牺牲这一切。

没错。他需要谈《限制战略武器协议》,以及一系列协议。

当尼克松说"我们要去做。我愿意冒不能举行首脑会议的风险。如果它意味着要放弃越南,我宁愿退出与苏联举行的首脑会议"时,您和他的关系如何?

我同意他的看法,并鼓励他。

您同意他的观点,尽管整个官僚机构,所有的传统思维都说:"不,不,你们不能危及这次苏联首脑会议。"

我同意要有一次激烈的反应。我没有料到他会下令封锁,但我认为这是一个极好的措施。

在你们的所有谈话中,我发现尼克松所做的事情,可能在美国政治上不得人心。

当然。

然而他愿意冒这个险。他没有来找您说:"亨利,我得考虑国内的问题。"

没有。尼克松问:"这符合国家利益吗?我们努力想要实现的是什么?"他的座右铭是:"与其半途而废付出同样的代价,不如破釜沉舟干到底。"因此,一旦尼克松看准了一条道路的方向,他往往会采取摆在他面前的最全面的解决办法,或者自己想出一种解决办法。

莫斯科首脑会议上发生了什么?

有一个插曲是勃列日涅夫在克里姆林宫"绑架"了尼克松,说服他坐上他的车去他的别墅!把我们其他人抛在后面。

在克里姆林宫会议结束时,我们都应该坐着美国车队的车跟在勃列日涅夫的车后。但我们走出会议室时,勃列日涅夫对尼克松说:"我们一起走吧。"因此尼克松做了特勤局认为不可想象的事情。他跨上了一辆没有美国安全保障的外国制造的汽车,他们就这样走了。

我坐在另一辆车里,跟着他们,所以我在总统的车队里。但是温斯顿拿着所有简报册落在了后面。直到今天,我仍然不知道温斯顿是如何设法和他们谈的,让他们允许他坐上一辆去勃列日涅夫的别墅的车,据我所知,只有他一人。他在别墅里出现了。

安排尼克松做的第一件事是坐船,勃列日涅夫亲自开船——这是一次令人毛骨悚然的经历。但他回来时,温斯顿已经带来了所有的简报册。特勤局对勃列日涅夫的所作所为极为愤怒,因此,在勃列日涅夫的别墅里,他们把车开到门廊下挡住了门,这样总统就不可能再被"劫持"了!

嗯,会议本身倒是一本正经,然后我们就上楼赴宴。但在晚宴开始前,三位苏联领导人轮番发表长篇声明,谴责尼克松在越南的升级举措,宣布和越南人团结一致。尼克松偶尔补充一些内容,非常简短而坚定,但没有进行详细的反驳。在他们发泄了大概三个小时……好像没完没了……的怒火之后,他们觉得已经完成了苏联应尽的职责。

这样他们可以把简报送到河内。然后我们就休会,上楼赴宴。

接着谈话立即转到其他问题,在当时,《限制战略武器协议》是最重要的问题。然后勃列日涅夫提议，本着这一时刻的精神，外交部长安德烈·葛罗米柯和我立即开始谈判。所以，尽管当时已经大约是凌晨两点了，我们仍被送回莫斯科进行谈判。然后我们开始谈判，这么说吧，三点半开始。尼克松和勃列日涅夫已经上床睡觉了。

总之，勃列日涅夫宣布，鉴于在三个小时的野蛮行径之后依然存在的奇妙精神，我们将采取与他们所暗示的完全相反的做法。他们暗示将竭尽全力支持越南人。因此，在一个神奇的时刻，他们说："我们吃吧。"我们开始吃时，他们说："好吧，现在让我们来看看需要做什么。"勃列日涅夫说："现在就让亨利·基辛格和葛罗米柯走人吧。"那时我们就走了。我们到达克里姆林宫的时候太阳快要升起来了。出于某种原因，我们又回到克里姆林宫进行谈判，在那里又待了两个小时。在那之后，是两天非常稳定的谈判。

所以总的来说，整个首脑会议是相当成功的。

是非常成功。

在此之前，您知道它会这样成功吗？

我们已经准备好一个庞大的议程，为此和苏联人谈判了一年。合乎逻辑的想法是，他们希望通过显示他们是一个更可行的合作伙伴，来制衡我们在中国所做的事情。这就是越南的攻势开始时他们的态度。我们决定封锁越南后，首脑会议的前景就显得十分黯淡。然后，当他们让首脑会议进行下去时，人们推测他们希望达成重大协议。但是，如果你看看莫斯科首脑会议的事件次序，直到那次口头攻击之后，其他协议（有六七项），才落实到位。最后一天晚上，我们又就限制战略武器谈判进行另外一轮磋商，一直持续到半夜。

该协议的重要意义在于，这是关于限制进攻性武器的第一次谈判。这在美国引起了激烈的争论，但事实情况是，在这些谈判之前，苏联每年生产二百五十枚导弹。我们没有在我们的武器库中增加任何导弹，因为我们已经得出结论，我们有足够的武器来实现任何理性的战略目标，我们不会仅仅通过增加数量来增强我们的军事力量，全力以赴提高质量要好得多。

因此，粗略地说，这项协议所做的，是将进攻性核武器的数量冻结在当时所达到的水平。这是一项为期五年的临时协议，在此期间，双方可以就一项涵盖所有核武器并考虑到新技术问题的更为复杂的协议进行谈判。但这是缓和国际紧张局势的重要的第一步。

此外，还有一项关于限制反弹道导弹防御的永久性协议。人们必须明白，对于尼克松来说，对这些限制的让步几乎完全是理论上的，因为没有可能让国会增加数量。来自国会的压力恰恰相反。

此外，除了外层空间问题、经济问题和其他协议之外，还有一项单独的协议，反映了尼克松政府对国际行为准则的信念。这项协议阐明各国在利用推翻政府和防止侵略等情况时所应遵守的限制或约束。其中许多在现在都是理论性的，但他们的好处是，在一场危机中，如果苏联违反了某一规定，我们就可以据此指出他们违反了两位总统之间所达成的协议。

因此，尼克松和勃列日涅夫于一九七二年在越南战争的高潮时期举行的首脑会议展示了尼克松政府的重要主题之一：尽管我们在越南参加了一场战争，尽管整个国家在如何才能最有效地结束越南战争的问题上左右为难，但我们看到了通过谈判来达成协议和实现世界和平的可能性，并指出了实现的具体步骤。在相对短暂的几个月时间内把这两项行动与中国和苏联结合起来，体现了尼克松所实行的外交政策的概念实质。

请谈谈缓和的依据。因为这些谈判和协议确实使美苏关系走上了一个与以前不同的轨道。

此前一年，苏联决定开始与我们对话。正如我说的那样，我们向中国开放时，我们不确定苏联是否会加剧紧张局势，或是让一切保持原状，也或者在其他积极的方向采取行动，包括举行首脑会议、进行限制战略武器谈判和柏林会谈。

我想我们会有兴趣了解麦克法兰关于什么是缓和背后的策略的论点，不管是大棒加胡萝卜还是关联原则，以及你们是如何实现这一点的？人们批评它时，攻击点是什么？缓和的目的是什么，或者我们认为我们可以利用它取得进展的方式是什么？历史学家是否很了解缓和？

我认为尼克松从来没有用过"缓和"这个词。那是别人用的词。在我们的批评者使用这个词之前，我没有意识到我曾经用过这个词。辩论的核心论点是：我们的批评者的立场是，俄国是一个天生邪恶的国家，必须在冷战中打败他们，与俄国的任何谈判都会承认他们在道德上地位对等，从而鼓励他们在世界各地的侵略行动，冷战的高潮必须是某种全面的外交对抗或一场战争。

我们所采取的立场是，我们的政府捍卫了自由的人民。在一九七〇年的危机中，我们在中东采取了强硬的立场，我们为在古巴建立苏联导弹基地而抵抗，我们代表许多国家在越南为我们认为是一个体面的结果而战斗。因此，我们认为，有责任向美国人民和世界人民表明，如果发生冲突，我们随时准备对冲突做出反应，如果发生冲突，我们已经尽最大努力创造更有利于和平的条件。

其次，如果苏联体制中存在愿意在相互尊重的基础上共存的要素，我们将给予他们这样做的机会。因此，我们的政策是两条轨道并行：坚决抵制苏联任何超越既定界限的企图，但与此同时，在符合我们降低核战争危险的原则范围内减少对抗。

在我加入政府后的第二天或第三天，我研究了战争计划，因为国家安全事务助理是总统执行这些计划的关键顾问之一。核战争的预期后果是对我们迄今所知的文明的威胁。所以我们拒绝接受任由这些武器堆积如山，却无法设计出不会摧毁文明的战略。这就是驱动我们的动机。

请谈谈压力和激励的使用，以及关联的概念。

关联的概念是这样，一直有一些团体，他们在国务院里的势力特别强大，他们的工作就是谈判，他们认为可以把国际政治简化为一系列的谈判，把这些谈判当作谈判本身的目的来处理。危险是你可能会陷入让步和边际调整的准则之中，在那里，你忘记了你谈判的目的是什么。

所以，从一开始，我们就说，你们不能把这场冷战分割成不同的项目。人们必须明白，军事限制必须与相应的政治收获相平衡。在这个意义上，关联受到官僚机构的强烈抵制，我们没法总是坚持到底。但是，我们尽量维持这一原则，因此，每当我们达成一项军备控制协议时，我们都试图在里面加入一项关于政治约束的协定。

我能问最后一个问题吗？您和尼克松在大多数外交政策和战略问题上的意见都是一致的，包括对莫斯科政策。但是，如果苏联人在这个问题上不予合作，对莫斯科在帮助结束越南战争方面有多少期望，以及在其他问题上会有多少进展，你们之间难道没有一点分歧吗？

嗯，这里我想把两件事分开。尼克松最初的观点是，你可以向苏联施加压力，要求它就有关越南问题的一系列建议做出让步。而这届政府初期对苏联施加压力的种种尝试都明显失败了。例如，在这届政府初期，有人提议我们将赛勒斯·万斯（后来的国务卿）派到莫斯科，授权他与苏联谈判一项军备控制问题协定，并同时与河内谈判，让河内派一名代表去莫斯科。

这种努力基本上失败了，因为河内比理论上所暗示的更为顽固。很明显，北越人不想让莫斯科去猜测他们的谈判方式。莫斯科从没有对这个建议做出答复。大约六个月后，多勃雷宁告诉我，他们曾试图把这个建议转告河内，而北越则表示，他们不希望任何第三国代表他们进行谈判。

因此，直接向苏联施加压力以寻求在越南问题上得到帮助的努力并没有奏效。但后来，正如我们已经讨论过的，对中国的开放也是对苏联的一种压力，而且确实取得了成效。

六　在越南寻求和平

越南战争有两个战场——印度支那战场和美国战场。北越试图延长一个战区的战斗，同时让公众舆论来消耗另一个战区的力量。

面对北越的这种战略，并接手一份不断增加的军队数量、伤亡和抗议的遗产，尼克松总统权衡了所有的政策选择。他决定在加强南越力量的同时，逐渐缩小在南越的地面作战规模。通过弱化我们在南越的作用，也有助于获得国内的支持，同时，他授权基辛格尽快就解决越南问题的方案展开秘密谈判。

两难的是，只有在秘密谈判中才能取得进展，但正由于是秘密谈判，我们的灵活性和河内的顽固态度也不为公众所知。因此，我们在政治支持方面付出了沉重的代价，这反过来又助长了北越的冷酷无情。

* * *

我们谈谈越南吧。您在前几部分中谈到您在一九六九年就职时美国的总体政治格局，已经为我们做了一个铺垫。现在让我们转向越南战争、美国的国内局势和正在进行的和平谈判。你们从约翰逊政府接手了什么？

还有地面战场的军事情况——部队级别，伤亡情况，等等。

一九六九年一月，我们在越南有五十万名士兵，而且，约翰逊政府计划继续增派军队。因此，在尼克松政府的头两个月中，根据约翰逊政府的预定计划，又增加了三万四千名军人。到那个时候，我们在战争中的伤亡人员是三万一千人。在春季攻势期间，我们每星期的伤亡在五百至一千人之间。

谈判进程刚刚开始时，事实上，尼克松在约翰逊政府最后几星期中做出的决定之一，就是配合打破谈判程序的僵局。他本可以很轻易地中断这些谈判，从而由他自己来主导谈判。

因此，会谈几乎完全是程序性的，讨论南越政府是否同意与在南越作战的游击队坐下来谈判。在陷入僵局的谈判中，美国没有提出任何具体的政治建议。北越人提出的唯一建议是要求美国军队单方面撤军，并在谈判开始之前推翻南越政府。直到一九七二年十月谈判结束前，河内一直没有改变这两项要求。

我之所以提到这一点，只是因为有一种神话，认为如果尼克松不干预，谈判就会有一些进展。这完全是胡说八道。北越人的基本立场是在约翰逊停止轰炸的协议签订后几天内提出来的，从来没有改变过。在一九七二年十月之前，困扰我们的关键问题从来没有改变过。

你们就职时就知道你们的任务之一是结束越南战争。可以这样说吗？

在某种程度上可以这样说。但这不是以损害美国捍卫盟友和自由事业的能力为条件。让我们记住，美国国内辩论中的暴力崇拜真正以这种形式出现，是在越南战争期间。当然，在那之前，民主党人和共和党人之间就存在着很大的分歧，但是，政府是一群犯下战争罪的骗子罪犯的

六 在越南寻求和平　85

这种论调，只是在这个暴力阶段才出现。结果是大规模的示威活动和抵制公共服务的活动，试图使华盛顿陷入停顿。这是在越南战争中发展起来的。

也把敌人美化成在道德上高人一等。

是的，美化敌人。因此，无论我们采取什么行动，都被指控为延长战争的恶意行为，指控为出于某种说不清的原因，我们宁愿进行这场战争。我的一个同事曾经研究，如果我们听从《纽约时报》编辑部的建议，《纽约时报》会支持我们多长时间。研究结果表明，在尼克松政府初期，大约是六星期。在尼克松政府结束时，仅剩下几天。

我们会讲到这一点，但我们也为秘密谈判付出了代价。在公开会谈中有这么多的宣传交流，所以我们觉得只有通过秘密会谈才能取得进展。批评人士不知道这些会谈的事，就说我们没有在认真谈判。我们因此付出了代价，直到我们终于在一九七二年一月把它们公布出来。

但也许我们应该回到我们一开始的选择。

对。所以您就任了，您的第一个目标是确定和评估选项。

我们向关键部门发出了包含大约一百三十个问题的清单，因为我们通常想对我们的处境有所判断。在获得这个职位之前，我曾三次去往越南，我知道对美国政府内部形势的分析存在着深刻的分歧。我想弄清楚究竟是什么分歧，实际情况是什么样的，并解决这个问题。这是第一步。

然后我们对备选方案进行了非常系统的审核。基本上有三种方案，其中一种是虚假的选择。第一项方案是完全撤回，立即撤回。那是无稽之谈，因为我们已经在那里待了四年，并且正在采取重大行动。参谋长联席会议告诉我们，即使在任何情况下都没人反对我们，我们也需要两年时间才能撤出来。共和党总统这样撤军将会是对他所代表的一切的背叛，就连他的几个民主党前任总统也从来没有考虑过要这样做。

我们就任时，现有的计划是将我们的部队撤到二十五万人的水平。尼克松上任九个月后，我们就达到了这个水平。所以如果在理论上说：完全撤离，立即撤离……

你们就可能得同时推翻西贡政府。

六　在越南寻求和平　　87

对，这就是北越真实的谈判立场。立刻撤军，推翻政府。

当然，你们会推翻政府。

从定义上说我们会这样做。

我想不出当时有哪个重要的美国政治人物，无论是左翼还是右翼，曾经提出过这样的建议。

所以这个选择根本不可能取得成功。

所以我们觉得我们有两个基本的选择。我们选择了越南化路线，即逐步撤离美国军队，同时加强南越武装部队的力量，使之与北越人势均力敌，这样他们就可以谈判出一个结果。

这种选择实际上是我所赞成的选择，就是制定一个全面的和平建议，把这个建议体现在万斯使团的任务里。然后，如果这个建议被拒绝，就全面进行军事行动，就像一九七二年所做的那样。我们从来没有完全实行过这个建议。我们给这个建议起了一个绰号"鸭钩"(Duck Hook)，研究了这个建议。我怎样都想不起来，我们怎么会想出这么个名字。但是你在调查记者的分析中读到过很多这方面的内容。这是在全面和平建议被拒绝后所要采取的后续行动。

最后尼克松决定采取越南化路线，我也同意这个路线，尽管我的第一反应是，越南化路线的危险在于，我们撤出的军队越多，公众就会对我们施加更大的压力，让我们撤出更多的军队。其次，让南越人的实力增长与我们的谈判步伐同步，将证明是极为困难的。温斯顿和我知道，黎德寿（河内谈判代表）会一直问这个令人困扰的问题："你们凭什么认为，如果用五十万军队打不败我们，就可以用已经在那里的南越军队取代这五十万军队来打败我们？"直到一九七二年的进攻时，我们对此才有了答案，在那次进攻中，我们向他们展示，如果美国扮演配角，可以打败他们。

事实上，我们确实感觉到，随着时间的推移，依靠他们自己，南越的地面部队或多或少将变得足够强大。与此同时，美国人民将看到正在取得的进展，从而我们可以保持国内对我们政策的支持。

六　在越南寻求和平

几分钟前您说过，北越的立场从没有改变过，他们要求全部和立即撤出军队，推翻西贡的阮文绍政权。这就是谈判没有结果的原因吗？因为你们真的谈了三年，却没有什么进展。

北越人对提出稍有变通的建议极有技巧，并且总是利用美国国内的局势提出来。比如，有一段时间，北越人在正式谈判中发表了七点建议，然后在秘密谈判中提出九点建议。我们就说，"你们想谈什么，七点还是九点？""我们要谈九点。"但他们在公开场合一直在说，"为什么美国人不答复七点呢？"而我们已经处于答复九点的过程中。

在这些问题上耗费了很多时间，当我们谈到关键问题——你们是否愿意停火、保留现存的政府、在短时间内实行选举——他们总是拒绝。

因此，我们认为，我们需要谈判，不仅是想要结束战争，而且是为了让美国人民相信，我们是在认真地缔造和平。我们在这方面障碍重重，因为只要是进行秘密谈判，我们就无法证明我们已经做了些什么。然而，如果我们公开谈判，我们就会立即受到那些正在举行示威游行、抗议我们太强硬的团体的压力；这些团体深信，最重要的目标是让我们退出战争，他们并不在乎退出战争的条件是什么。

您可以解释,一九七一年五月我们提出了一个七点建议,这成为最终协议的实质内容。

绝对的。绝对是这样的。

它表明,我们无法做到更早达成最终协议。这是不可能的。

一九七一年五月,我们提出了根本上成为最终协议的建议。

那为什么当时他们不接受呢?

因为他们认为他们能打败我们,或者至少能让我们元气大伤。

要理解有关越南问题的谈判,不需要去看什么神秘的细节。但人们必须了解两件事:只要北越人同意一项政治进程,让南越人可以选择他们自己的未来,美国愿意撤出军队,完全撤出。北越人从第一天起就要求美国在进程开始时单方面撤出所有部队,并要求美国给出一个无论发生什么事情都不会受影响的最终期限。其次,在南越,应当立即推翻现在的政府,由共产党拥有否决权的某种联合政府取而代之。

当我们在谈判中探讨这应当是一个什么样的政府时,我们发现,在政府之外,还没有任何一个活跃的越南政治家是河内谈判者可以接受的。因此,他们要求我们停止我们的军事努力,撤出军队,推翻我们在谈判中所代表的政府,这样才能开始谈判。这是我们绝对拒绝的唯一条件。对于其他条件,我们都想办法去适应。

我们的基本建议是,先达成军事解决方案,然后进行政治谈判。政治解决应当承认南越政府的存在,但允许越南南方民族解放阵线参与随后的政治进程。他们在一九七二年十月之前一直拒绝这个建议。一九七二年一月,尼克松公布了他于一九七一年五月提出来的建议。最后,在一九七二年十月,黎德寿向我们宣读了一个正式提案,他在开场白中说,"你们自己已经向我们提出这个提案了",里面的确包含了我们所提出来的实质性内容。

事实上,在那一轮谈判结束时,我和温斯顿握手,我记得我对他说:"我们做到了。"这对我来说具有很大的象征性意义,因为在一九七〇年柬埔寨入侵期间,温斯顿曾想早点离开，我们讨论过一次："如果你能说你参与缔造了和平协议，而不只是向人说明这个协议，那你的生活不就会更有意义吗？"

因此，我们这方面是郑重其事地想实现和平协议，但我们也极为慎重地不去背叛那些依靠我们的承诺，为捍卫他们的自由而失去生命的无数人。而越南战争中的这一部分是无法避免的。所有的指控，一开始是针对约翰逊，接着是针对尼克松，我们一直没有从这些指控中恢复过来。

您作为外交官试图展开谈判，当时您一方面承受着美国公众的压力，那些左翼势力说"现在不惜代价、不计成本都要撤离越南"，另一方面，北越人和黎德寿又充分利用这一点，您面临的困难有多大？

被指责没有提出我们明知已经提出的建议，真会令人发疯。总是有文章声称，我们应该多做某件更小的事情，而大多数时候，我们已经做了。无论如何，实际上只有一个问题：我们是否愿意推翻我们的前任为了争取越南社会的自由，或尽我们所能让它自由而成立的政府，并由一个共产主义的政府来取代它？这将违背美国在二战之后所代表的一切。这将是一种彻头彻尾的犬儒主义行为。

六　在越南寻求和平

七　突破和《巴黎和平协定》

最终达成的协定超出了预期，也超出了许多批评人士的要求。从那以后，有两种顽固的党派说法一直挥之不去：一种说法是，这项协定早就过时了，因为尼克松和基辛格本来可以更早地做这件事。另一种说法是，这是一项不负责任的协定，因为尼克松和基辛格知道协定在一个"体面的时间间隔"之后会失效。

换句话说，他们应该早点达成一笔根本不应该做的交易。

这些都是事实：从第一天起，北越人就排除了最后协定的框架，然后排除了具体的提议；他们坚持要求我们在撤军的同时推翻西贡政府。最后，一九七二年秋天，面对尼克松会再执政四年的前景，他们放弃了他们的政治要求，同意了美国最初提出来的军事解决方案。

虽然对我们对手的目标不抱任何幻想，但我们相信，通过强制停火、援助西贡、对河内的经济刺激以及北京和莫斯科的利己主义支持，《巴黎和平协定》可以维持下去。

尼克松和基辛格相信，只要美国履行自己的责任，这些因素就会给南越人一个"体面的机会"来塑造他们自己的未来。因为如果美国背弃了自己的承诺，我们将永远不会知道我们的盟友是否会抓住这个适当的机会。

* * *

那么，从一九七二年初到一九七二年底，当北越人出现的时候，发生了什么变化呢？是什么引起他们这么做的？

一九七二年年初，河内对南越发动了全面进攻，几乎把他们的所有军队都派到了南越。那时我们已经撤回了我们的地面部队。我们真的只剩下空军和海军了。所以南越人只能用南越部队来抵抗进攻。因此，这是对越南化政策的一次考验。尼克松推出了大量额外的空军力量，主要是B-52轰炸机。这两种趋势的结合击败了北越的进攻，事实上，它给北越造成大规模的破坏，收复了一部分在战争早期失去的领土。

所以，当他们在十月接受我们一月的提议时，我们的判断是他们的实力被大大削弱了，除非动用全部军队，他们无法打败南越，而且我们会作为南越的盟友抵抗他们。在全面进攻的情况下我们会援助南越人，但总的来说，南越防卫的主要推动力必须掌握在南越人手中。

我们在十月取得突破时，在我们看来，他们看到的是尼克松再次当选和乔治·麦戈文没有获胜，他们还将和这个疯子再打四年交道。

要理解《巴黎和平协定》，就必须考虑我们达成这些条件的顺序。在尼克松政府初期，我们就做出了决策，要逐步撤军，建立越南军队，最后达成一项美军完全撤出的协定。除非发生全面攻击，否则越南人将能够进行自己的防御。因此，谈判的演变是，根据我们已经撤出的部队数量和我们对南越能力的判断，逐渐缩短协定与我们撤出时间之间的间隔。

因此，期限不断缩短。我们一开始的最后期限是十六个月，到一九七二年，我们把撤军期限缩短到两个月。我们从来没有让过步的一个基本条件是，越南人民必须有机会决定他们自己的命运。

有不少次我们认为已经接近达成协定了。实际上，除了关于南越政治结构的问题外，我们已经解决了许多附带的问题。然后，正如我所说的，一九七二年十月，南越地面部队和美国空军联合击败了他们的全面进攻后，河内谈判代表黎德寿在一九七二年十月六日的一次会议上说，他有一个新的提议。新提案实际上接受了尼克松在前一年一月提出来的公开建议，其中同意继续维持西贡政府，南越被视为和平时期的一个政治实体，美国将在这种条件下撤出军队。这是根本性的突破。

此后，双方就协定的许多细节进行了紧张的谈判，北越人做出了许多让步，因为那时我们赢得了地面战争，北越人不可能用他们在该国的武装力量打败西贡政府。我们知道维持一个协定很复杂，因为南越有很长的边界线，很难控制对南越的渗透。从本质上说，我们相信，该协定将使我们对其政治生存做出保证的南越人今后也能维护其安全地位。

此外，正如温斯顿所说，北越人知道他们还要再对付尼克松四年，他在每一个关键时刻都表明，他决不允许失败。

因此，有两个原因促使他们改变了态度：一是因为他们在战场上被打败了。二是因为他们认识到尼克松将再次当选。

他们非常渴望在尼克松连任之前解决这场战争，因为他们认为，在那之后，前四年的格局可能会重演。另一方面，我们在压力下得出结论，尽管尼克松有可能连任，但民主党在国会还是会占优势，而国会的主要议题是要终止对越南战争的拨款。

不管怎样，我们最终达成了协定，这比大多数评论家所认为的要好得多。您能概述一下协定的内容吗？

我们提出的建议是最终解决办法的实质，但被媒体嘲笑为无法实现以及尼克松致力于战争的证明。事实上，由于我所描述的谈判过程，我们得到了比想象的要好得多的条件。我们在一九七一年五月提出的建议与我们所取得的成就之间的差别主要是技术性的差别。

河内在关键问题上让步，即西贡政府可以继续执政，西贡政府将不必因谈判而被改变。任何改变都将是越南人民自己的意愿的结果。但现有政府将继续执政，并将成为执行该协定的主要当事方。这是关键的让步。

一九七二年秋天我们第一次在对局势的分析中占优势。在那之前，河内曾经正确地评估过，美国人民缺乏耐心，会把我们逐出战争。因此，他们只是为了拖延战争而进行了四年的真正谈判，直到他们能够以进攻的方式来施加最后的压力。

然而美国表现出了比他们所预期的更大的决心。他们突然对尼克松重新当选后会发生什么事感到恐慌。因此，从九月初开始，他们迫切希望就结束战争的时间表达成一致意见，在此之前，他们的压力恰恰相反。在这个意义上，我们具有一个优势，那就是他们害怕尼克松再次当选。但我们知道，即使他再次当选，他也会输掉国会，因为所有的民意调查都表明他会失去国会，而无论发生什么事，国会都会投票让我们退出这场战争。所以我们和他们不谋而合，想要在选举前结束这一切。但是当时尼克松在选举中遥遥领先，因此没必要考虑国内的因素。

而且，他不会仅仅为了获得连任而达成一项不完美的协定。他也不需要这样。

是的，因为当时的批评是，尼克松为了获得连任，会同意任何事情。

是的。

首先，尼克松不关心细节。谈判期间他没有发出详细的指示。谈判结束后我们告诉北越人，现在协定必须呈送尼克松批准，而尼克松也就批准了。他就是这样做的。但其实在我们开始进行谈判时他已经批准了谈判大纲。这就是尼克松和我一起工作的方式，我们会在原则上达成一致，但他不会怀疑整个过程中的每一步。当然，最后他将行使总统的最终批准权。

两年来和平主义运动一直在告诉我们，我们在这次谈判中所得到的东西是无法实现的。看看协定吧。我们在最后的谈判中没有做出任何重大让步。

因此，到一九七二年十月，你们已经在谈判中实现了目标。《巴黎和平协定》的主要特点是什么？您为什么认为协定应该成功，又认为它最终没有成功？

好吧。我们认为我们已经实现了关键目标。记得我曾指出，我们已经或多或少地解决了美国撤军比例的问题。

但是之前使所有谈判都归于失败的关键事实是，河内坚持在任何和平进程可以开始之前，甚至在他们谈判释放美国战俘之前，必须推翻西贡政府。推翻西贡政府是河内的谈判代表所提出来的优先于所有其他条款的条件。他们在十月份的让步扭转了这种局面。

所以当您最终达成协定的时候，您有信心它会成功。

我来解释一下一九七三年一月协定的关键条款。有一个停火条款。一个禁止渗透条款，唯一可以引进南越的新装备是用以更换受损或已毁坏的现有武器。联合国检查系统将监督其遵守情况。因此，除非是非法渗透，否则不可能打破这种平衡。

因此，我们深信，由于这些规定，南越人将有能力抵抗任何留在南越的军事力量。如果发生全面的攻击，我们会援助他们，这意味着彻底违反所有关键条款。

还建立了国际机制用以检查，引进越南的新设备只能通过经过授权的联合国检查站运进去。这些规定适用于双方。同时，我们同意一项原则，美国将向北越提供一些经济援助，我们认为这是控制协定执行的一种手段。事实上，尼克松在一九七三年二月派我去河内谈判这个一揽子经济计划的一些细节。

这项援助还扩大到南越、老挝和柬埔寨。

是的。该协定的所有规定也适用于老挝和柬埔寨。现在，北越人的立场是，老挝和柬埔寨的共产党军队是自治的，他们并不能总是保证对方会执行河内想要的选择。后来我们发现，柬埔寨可能是这样，但老挝肯定不是这样。

此外，这一经济条款被认为是对河内政治局选择重建其经济的激励，从而使他们不去违反协定。我们希望，这种经济规定与其他因素结合起来——例如，中国人和苏联人对限制北越人的兴趣，以及美国的支持——将维护该协定。

除此之外，到目前为止，我们已经有了足够的经验，认识到中国和苏联之间的紧张关系相当严重。而且中国肯定对在印度支那的另一次军事行动不感兴趣。因此，我们认为，所有这些因素共同创造了一个合理的结果，我们可以实现结束战争的基本目标，这是两党先后执政的三届美国政府为了维持一个依靠我们而苟延残喘的盟国政府而进行的战争。这是我们的首要目标。

83 　　一直有人在批评这项协定，因为谈话的录音带可能会公开，说你们想要一个"体面的时间间隔"。您能解释这意味着什么吗？

　　首先，我们必须记住，有这么多谈话的各种录音记录，这些对话被公之于众时，永远不会去明确说明它们是在什么背景下谈的。与中国人进行的一些谈话，与我的工作人员谈话，与尼克松谈话。我们所关心的一个基本主题是：无论南越政府如何腐败，或其政府管理的效率如何低下，美国是否有义务无限期地保卫南越？

　　我们的观点是，我们想给南越人一个体面的生存机会。我们从来没有明确定义所谓的"体面"是什么意思。但我们当然不是把它作为一个我们可以撤出的遁词，让北越人去打败他们，我们干净利落地脱身。我们指的是帮助他们建立一支力量足够强大的军队，并在经济上援助他们，给他们一个真正的生存机会。我们设想的是某种类似韩国在朝鲜战争后演变的情况。

　　我们从来没有正式讨论过要经过多少年，但我们肯定没有坐在那儿说，"让我们达成一个他们可以轻易推翻的协定,以此来愚弄美国公众"。我们所说的"体面"指的就是"体面"这个词的意思:我们相信自己,也可以告诉美国人民,我们给了南越一个真正的机会。我们认为我们已经实现了这一点,但往往被认为是某种欺诈行为。多年来我们打了一场我们认为攸关美国外交政策的荣誉和自由事业的战争。不仅仅是越南被卷入了这场战争。

回顾一下一九六九年的世界吧,苏联刚刚占领了捷克斯洛伐克,然后把四十多个师的军队派遣到中国边界。我们担心苏联即将对中国发动进攻,这可能会颠覆国际均衡。我们希望达成一项协议,维持我们作为国际和平体系的关键国家的信誉。

但后来出现了什么问题?你们已经给了北越人以及南越人、老挝人和柬埔寨人遵守协议的激励。

这是一场我们还没有从中缓过气来的国家悲剧。一九五〇年代我读研究生时,哈佛大学有百分之九十的民主党,现在还是这样,可能比例还会更高,但是当共和党内阁成员在哈佛露面时,他们得到体面的对待。在一九五〇年代和一九六〇年代早期,美国的政治辩论是关于政策是否适当的问题。在一九六〇年代的某个时候,政治辩论演变成一场关于领导人的动机以及他们有没有适当的内心道德的辩论。

现在流行的做法是指责总统和内阁成员代表的是不道德的制度,为了反对这种制度,任何形式的暴力示威不仅都被允许,而且是必要的。因此,这种试图压制对立观点的倾向成了主流看法。约翰逊总统不能公开露面。为了满足特勤局的安全要求,他不得不去军事基地。因此,我们在谈判中遇到的根本的国内问题是:我们无法发起一场让人们把战争作为实质性问题来处理的辩论。在公众的辩论中,尼克松取代了约翰逊,成为一个想要战争、想要继续进行战争的恶棍。

事实上,如果看一下实际文件,你就会发现,尼克松政府实际上几乎接受了所有导致一九六八年民主党内部尖锐分歧的提议。我们或多或少采纳了休伯特·汉弗莱在一九六八年民主党大会上提出来的和平纲领。在一九六八年,民主党不赞成单方面撤军。但是,一步接着一步,国内反对派的要求一直不断提高,到最后,他们要求美国单方面撤军的唯一条件,只是释放我们的战俘。

但是,仅仅以释放本国的战俘为条件来结束战争,将是对始于杜鲁门政府、在肯尼迪政府时期得到加强、由约翰逊政府扩大、尼克松政府继续下去的所有事情的歪曲。

另外，批评人士不仅希望以释放战俘为条件单方面撤军，而且实际上希望我们离开时推翻西贡政府。

是的。因此，当我们达成一项超出预期的协定时，我们以为国会会支持维护这个协定。我们不知道这是否可能。但是，水门事件破坏了总统的权威，导致国会中激进的观点占据支配地位。该协定于一九七三年一月正式生效。到了六月份，北越人公然严重违反协定。我们要求黎德寿在巴黎再次与我们会谈，检讨所有这些违反协定的行为。但是，在这段时间（从一九七三年一月至六月），国会通过了一套条款，禁止在印度支那、印度支那上空或印度支那附近使用美国的军事力量。

因此，我们丧失了执行协定的能力。此外，援助拨款遭到了系统性的攻击，使南越方面从来没有出现人们所期望的、在一九七二年底那种条件下所能出现的具有活力的政府。国会投票禁止在越南境内、上空或附近使用任何美国军队，并切断对柬埔寨的一切援助，就此实际上意味着我们得退出这场战争。越南战争就这样结束了。

例如，他们不仅切断了轰炸的机会，而且甚至中断了军事援助。

他们中断了对柬埔寨的全部军事援助,大幅度减少了对西贡的军事援助。到一九七四年,他们有了一个结束战争的一揽子计划的想法。参议员约翰·科·斯滕尼斯(参议院军事委员会主席)和尼克松总统之间达成了一项协议,国会将在一九七五年通过一项补充预算以弥补先前拨款的不足。但是,到一九七五年,尼克松已经辞职了,实际上国会拒绝通过这项拨款。因此,南越人在抵抗最后一次进攻时不得不实行弹药配给。

最后,我们真的违背了协定的条款。您是这么看的吗?

国会使我们处于无法执行协定的境地。

不管南越军队的弱点是什么,因为没有得到任何军事援助而带来的心理打击,更不用说物质打击,是决定性的问题。

代表美国信誉执行外交政策的想法现在总是受到嘲笑。但这是越南战争的关键因素之一,因为潜在的盟友、实际的盟友和受到威胁的国家都不免会根据美国在越南的表现来评估他们自己的未来。

当你们试图维护与越南签订的和平协定时，国会采取了自己的行动。这对其他地方有什么影响？

嗯，那些得到美国保证或与美国有联盟关系的国家认为，他们不得不对美国的承诺打个折扣。而在一些国家，那些考虑推翻现存制度，认为现存制度得到与美国结盟和友谊的保护的内部势力，更加大胆地施加了压力。

八　在中东的初步进展

危机中往往蕴藏着不可估量的资产。

正如尼克松总统曾经指出，汉语里的"危机"，既代表"危险"，也指"机遇"。

一九七三年十月的赎罪日战争也是如此。它爆发的背景是二十五年来特拉维夫和开罗之间的敌对关系，以及阿拉伯国家对苏联武器的依赖。在埃及取得重大进展，以色列扭转局势、威胁要消灭埃及军队时，基辛格抓住了一个外交机会。

他立即采取行动，通过停火把战场冻结在一个微妙的阶段，此时以色列因其最初的挫折而开始清醒，埃及感到自己赢得了尊重。双方都准备坐下来谈判。美国表明，只有华盛顿的调解，而不是苏联的武器，才能推动事件取得进展。

正如基辛格在《重建的世界》中所写的那样，人们有时可以"在汹涌的水域中绘制出一条航线，在那里，恶劣的环境往往会激发更大的求生欲望，给人更多灵感。"

* * *

这对中东地区的情况有何影响？当您从越南转向中东的时候，一九七三年的阿拉伯——以色列战争对美国的信誉、盟友和对手有什么影响？

我认为，各国在中东发动战争的意愿当然包括他们盘算美国可能无法捍卫其传统盟友。

您在尼克松政府执政初期那几年，处理了越南、苏联、军备控制问题协议和中国问题，您似乎没有把太多精力放在中东问题上。这是为什么？

首先，我是安全事务助理而不是国务卿，我的工作重点是尼克松总统亲自指定的。那些年中，尼克松总统认为他要让国务院来处理中东问题，因为他认为，无论取得什么进展，都将取决于传统型的谈判，不需要总统的不断参与。因此，在最初的几年里，我们在白宫监督谈判活动，在某些关键问题上进行干预。但我们没有实际参与白宫之外的谈判。

一九七三年十月的战争发生了什么变化？为什么尼克松和您觉得当时可能会出现外交机会？

我们一直认为，当某个阿拉伯国家得出结论，苏联的军事支持不能让他们实现目标时，谈判就会有所突破。一九六九年我举行过一次新闻发布会，我在会上说，我们打算将苏联的军事存在驱逐出中东。这样说很不明智，但那正是我们的策略。实际上，在最后实现这一点之前，尼克松心甘情愿地等了四年。

简单地描述一下尼克松执政初期的情况吧：所有主要的阿拉伯国家，除了约旦和沙特阿拉伯之外，都是苏联的明确的或间接的盟友。与以色列接壤的所有国家都从苏联获得重要军事装备。苏联在联合国投什么票他们就跟着投什么票。因此，我们认为，在一些主要的阿拉伯国家脱离这个阵营之前，谈判不会有任何进展。沙特阿拉伯是美国永久的朋友，但在意识形态上保持独立，并极为仇视以色列。

这就是我们的阵营。我们认为，战争的爆发提供了一个机会，让阿拉伯世界相信美国可以成为和平解决的主要因素。在安瓦尔·萨达特派他的国家安全顾问到华盛顿开始探索美国和埃及之间举行会谈的可能性之前，我们就看到了一些迹象。但这次使命正好发生在美国和以色列的选举之前，因此我们把寻求突破的努力推迟到选举结束之后。

但实际上我们在进行这些对话时，预期在一九七三年晚些时候可能会有外交上的突破。因此，当埃及和叙利亚进攻以色列时，我们决定利用这个机会来尝试取得突破。战争一开始，我们的判断——并不都是尼克松和我两个人的判断，也是中央情报局和军方的判断——我们都认为阿拉伯一方将遭受惨败，以色列军队很快就会纵深攻入埃及和叙利亚。因此，我们在战争爆发的第一天就提议保持现状，实现停火，这是一种方式，显示美国希望以保持现状为基础来解决问题。

正如所发生的那样，埃及和叙利亚的突然袭击占领了一些实质性的领土，因此谈判的模式发生了变化。但是我们几乎每天都在与埃及进行交流，并以下面这种话来警告他们："你们在用苏联的武器发动战争。请记住，你们必须通过美国外交来实现和平。"因此，我们没有在这场战争中看到在一九六七年的战争中所发生的事：阿拉伯各国的首都发生了反对美国的大规模示威活动。相反，战争一结束，阿拉伯国家的外长们就组成使团来到了华盛顿。

在战争期间，我们设法使自己成为阿拉伯和以色列双方之间的调解人，这从来没有引起任何疑问，我们不会坐视以色列的军事失败，但也明确表示，一旦战争结束，我们将带头发起一项外交倡议以实现某种解决办法。我们很幸运，至少埃及方面与我们对谈的是萨达特总统，他是我在政府工作生涯中所遇到的伟人之一。但萨达特在表明他决定依赖美国外交时，必须谨小慎微地采取行动。因此，必须在和平进程开始之前就结束战争，我们必须与苏联共同行动，因为苏联在阿拉伯世界仍然具有重大影响。我去莫斯科就此问题进行了一次谈判，这次谈判极具戏剧性。

我去莫斯科时，以色列人越过了苏伊士运河，摧毁了苏联在苏伊士运河沿线建立的防空系统，所向披靡。他们在叙利亚也取得了进展。因此，在那个时候，苏联渴望达成停火协议。我们所面临的挑战是，仅仅打败阿拉伯军队并不能使我们实现和平解决。所以，不管怎样，我在俄罗斯的时候，尼克松给勃列日涅夫发了一封电报，说授予基辛格全权来谈判结束这场战争。

到那里的第一个晚上，午夜时分我被邀请去见勃列日涅夫,他说:"我很想解决这事。"我说:"好吧,但你知道,我每件事都得和尼克松沟通。"他拿出尼克松发给他的那封我并不知情的电报,说:"不,尼克松跟我联系了,你得到了全权的授权。"我对此极为愤慨,这样我就被剥夺了操作的机动性空间,因为时间对我们有利,我想通过与尼克松的沟通来争取时间。因此我打电话给黑格(尼克松的办公室主任亚历山大·黑格将军),问他:"你疯了吗?你在干些什么?"他说:"我也有自己的麻烦。"我说:"你在华盛顿,这是星期六晚上,你有什么麻烦?"他告诉我,那是"星期六之夜大屠杀",在华盛顿,司法部长和其他几个人由于水门事件而被解除了职务。

所以,水门事件严重削弱了我们的力量。但我们第二天达成的协议是一项停火协议,是埃及和以色列之间直接谈判的开始,这是所有阿拉伯国家二十年来一直都拒绝的。

在前一年,萨达特派他的安全顾问来华盛顿探讨改善美国和埃及的关系时,您和尼克松有没有向他暗示美国外交可能会发挥作用?

有。但我们想先在美国和以色列的选举中得到支持。

这是一件有趣的轶事：埃及国家安全顾问伊斯梅尔将军在与我的会谈就要结束时说了一句话："如果这些谈判取得进展，萨达特总统可能会邀请你去开罗。"我写了一张小纸条给坐在我旁边的彼得·罗德曼："问问他二等奖是什么会不会不礼貌？"

回到停火问题吧，是不是可以这样说，在以色列人真正歼灭埃及军队之前实现停火，如此埃及人有足够的自信认为这不是他们的耻辱，而以色列在早期所蒙受的损失也使他们清醒了一点，所以，双方都准备采取一些行动。

好吧，前线的形势是这样：埃及的第二军已经越过了苏伊士运河，但以色列人越过苏伊士运河，从后面包抄他们，实际上已经把他们困在了。因此，如果战争继续下去，第二军就会被消灭。萨达特将被推翻，另一个激进的政权将在开罗掌权。我们认为这是一个机会，我们允许就第二军的前途进行谈判，使双方有理由来同意美国的外交调停。因此，他们也同意进行军事接触，而这一度引起美国国内的一场大争论。但接下来几年的进展，带来了与埃及签订的两项主要协议，一项与叙利亚脱离接触的协议，并最终签订了一项和平协议。直到现在，该协议仍然是维持整个中东地区稳定的要素。

阿拉伯人于一九七三年十月对以色列发动袭击之前，美国有没有事先警告说就要发生这次袭击了？我们的情报部门收集了有关阿拉伯人准备发动突然袭击的任何情报吗？

没有。在此前的一星期我被任命为国务卿。我在就任后的第一个周末去了国务院，看看国务院的情报系统收到什么情报。他们告诉我，阿拉伯人在叙利亚前线集结，苏伊士运河有军队在调遣。所以我向所有的机构——五角大楼和中央情报局——询问他们收集到什么情报。他们一致认为，这些都是演习，并不意味着即将发生敌对行动。我要求他们每四十八小时提交一份报告，直到袭击发生前二十四小时，人们才开始感到紧张，担心这可能是袭击的前奏，而不仅仅是示威。

你们向以色列人发出警告了吗？

嗯，每次我们询问某个美国情报部门之后，我们也都会通知以色列人。以色列人和美国情报机构之间的合作极为密切，我们收到的都是内容基本相同的情报——都说这些行动并非战争准备，而是某种军事演习。在过去的几年里，我们在阿拉伯军队的调动方面积累了太多经验，那些行动往往只是虚张声势，这肯定对所有写出这些报告的情报分析人员的想法有所影响。

所以，在袭击发生前二十四小时，当您认为这可能是一次袭击时，以色列有没有考虑过发起先发制人的攻击，就像他们在一九六七年战争中所做的那样？

嗯，他们也许在内部考虑过，但他们没有向我们提出要采取先发制人的行动。如果他们征求我们的意见，我们会警告他们不要先发制人。

为什么？

因为我们不希望他们被认为是中东战争中的侵略者。由于我们国家刚刚历经越南问题，我们认为关注国内形势极为重要。但这从来没有成为一个真正的问题。以色列从来没有问过我们是否会反对他们发起一场先发制人的战争，也从来没有告诉过我们他们打算发动先发制人的进攻。这是犹太人的赎罪日，当时大多数不需要采取极端安全措施的以色列人都在犹太会堂里。我们从来没有收到过请求先发制人的暗示。时限非常短。

战争于美国时间的星期六上午爆发。直到星期五下午人们才开始考虑这可能实际上会变成一次进攻。从星期六早上开始，我们与所有有关国家都取得了联系。在我们的第一次政府部门间的交流中，情报部门仍然判断这可能是一场以色列发动的战争。一开始还都不清楚发生了什么事。

无论如何，当您促成停火时，您为穿梭谈判搭建了舞台，您和总统可以在任何时候为以色列辩护，但作为诚实的斡旋人，而不仅仅是以色列的支持者，您可以与双方打交道。

我们有一个基本前提，就是我们不会做以色列人认为会影响他们安全的任何事情。但我们也决心启动一个外交进程，首先解决阿拉伯人拒绝与以色列直接对话的问题，在这一进程中，埃及人和叙利亚人将准备不仅就停火问题进行谈判，而且还将调整军队的部署，使军队脱离接触。

您在莫斯科和俄国人对话的时候，有没有帮助制定停火协议？您得到他们的同意了吗？

没有。我们起草了停火协议的大纲，但是，记住，这需要每天与白宫联系几次。我们一直都在告诉以色列人，如果有人提出停火协议，我们都会尽力支持。所以我们知道它的基本条件。当时有人争论说，我们本应让他们摧毁第二军。我们的判断是，如此将结束任何走向和平的进展。我们必须比较埃及和以色列之间关系的现状，比较一下，如果开罗出现了某种激进的政权，那么它们之间的关系会怎样。

那么，在战争结束时，当您帮助就停火进行谈判的时候，您是否意识到这可能为阿拉伯—以色列之间的谈判，甚至阿拉伯—以色列之间的和平开辟出一个真正的机会？因为它似乎发生得很快。

那正是我们的外交基础。停火条件是阿拉伯和以色列的谈判人员将在从苏伊士到以色列的道路上的某个地点会面。其中一件极为耗费时间的事是，人们对这个标记的位置意见分歧。因此，仅仅为了确定标记的位置就拖延了几个小时。但是，不管怎样，停火都有两个层次。在我的莫斯科之行的基础上建立的停火协议，是为了结束当前的冲突。这是安理会通过的。这就建立了一个合法的框架。

好吧，停火了，但问题是，分界线是什么呢？这最终是通过埃及人和以色列人在从埃及到巴勒斯坦的一条道路上的一个指定地点进行谈判来实现的。

你们是怎样使双方都信任你们的，信任您、尼克松、美国，信任你们是诚实的斡旋人？

穿梭谈判多久后才开始？

第一个问题是停火和分界线。时间次序是这样的：有一个有关停火的联合国决议草案，最初是由勃列日涅夫和我经尼克松的批准谈判出来的，必须由安理会通过。在这之后接着进行一场关于分界线在哪里的辩论。因为以色列人一直在继续进攻，直到他们完全包围了第二军，而第二军在停火协议通过之时并没有完全被包围。

所以在达成停火协议前，他们利用了这多出来的几个小时？

他们又花了一天左右的时间继续推进。因此我们坚持必须遵守停火协议。这是在莫斯科谈判一星期之后完成的。我想,在莫斯科的谈判是在星期天,而埃及和以色列谈判人员将在一百零一公里处会晤的最后协议是在星期五晚上达成的。但我可能记错了二十四小时,差不多是这样的时间吧。在那之后我们开始了一项新的外交活动,即,既然有了一条停火线,就让我们看看是否可以就部队脱离接触的问题进行谈判。以色列人将从苏伊士运河撤出一段距离,这实际上是在双方之间建立一个非军事区。

在当时这种情况下,我去中东兜售这一构想的细节。为了完成这项任务,我们开始了穿梭外交,因为这取决于要在哪里划出这条分界线。但你必须记住,当我们谈论我的活动时,我每天都会写一份很长的报告给尼克松,报告我们在谈判中所持的立场。

所以,尽管发生了水门事件,他一直在积极地参与谈判?

嗯,尼克松积极参与了对不断演变的立场的评估。

关于一九七三年中东战争的另一点是:一个参与苏

八 在中东的初步进展

联决策过程的人写了一本关于他们日常会议的书，篇幅很小。你可以从那本书中看到苏联进退维谷。他们一边想对盟友履行他们的革命责任，同时又想维护与美国的关系。

因此，事实上，他们从来没有像我们这样干脆利落地行动，因为我们有一个已经探讨多年的战略，得到总统的充分支持。我们的战略是挫败在苏联武器装备支持下的任何倡议，后来我们用一句话来教导那个地区："你们可以用苏联的武器来发动战争，但你们只有通过美国的外交才能实现和平。"我们的战略是，在我们这样教导过他们之后，在一些阿拉伯国家决定依靠美国的外交之后，我们将迅速而果断地采取行动。多年来我们彼此都明白这一点。但是，直到萨达特决定改变路线之前，我们还从来没有机会，虽然我们确立了这个战略。我们在一九七〇年的约旦内战中采取了非常强硬的立场。在一九七三年战争的开始阶段同样采取了非常强硬的立场。我们总是和潜在的对手保持联系。我们从来没有让自己处在这样一种位置：在我们谋求一条特定的路线时赤身裸体地站在那里，让每个人都可以轻易伤害我们。这个战略很难被灌输到官僚机构的框架中。但是那些和我共事多年的人，在那时或多或少都自动执行了这个战略。

现在，第一次穿梭外交的速度相当快，可能是十天。

第一次穿梭外交使以色列从苏伊士运河后撤了十五英里，我忘记具体是多少英里，大致是这样。但是，这是以色列自一九六七年战争以来首次从占领的领土上撤退。它确立了两国事后互动的原则。它限制了他们可以部署在分界线上的军队的数量。这是朝着和平方向迈出去的重要一步，并规定了一年半之后再进行一次关于以色列进一步撤军的谈判，以换取终止阿拉伯方面所采取的许多政治措施。因此，这是结束交战状态的开端。

请对我们谈谈这一年半时间，美国开始与萨达特和埃及发展的关系。

嗯，在那一年半的时间里，尼克松因为一件事而离任，埃及成为我们外交活动的关键国家。但是，为了创造和平的一般条件，我们随后通过谈判达成了以色列和叙利亚之间类似的脱离接触协定。这经过三十多天的穿梭外交才实现。这项协定到今天还一直有效。就连叙利亚境内的"伊斯兰国"成员也遵守这条限制。

穿梭外交就是这样与亨利·基辛格联系在一起了。

九　谈判风格和人物侧记

如果历史是国家的记忆，谈判风格则往往是历史的产物。

基辛格在与不同的人物打交道时发现，他们的技巧往往反映了他们国家的历史心理：充满自信、具有光荣历史的国家从长远的角度看问题。过分猜疑、遭受过侵略的国家像地毯商人一样讨价还价。革命的国家讨厌妥协，拿谈判当武器。被敌意包围着的国家戒心重重，以犹太法典似的狂热去审查文本。

在处理这些各异的风格时，基辛格交替着运用不同的组合，历史与投射，坚定与诱导，耐心与紧迫，激化与幽默。但他自始至终都坚持两项基本原则——尽早阐明美国的基本目标，并不断关注对话者的国际姿态和国内现实。

* * *

我想我们现在要谈谈外交了。关于如何从事外交，您会给今天的领导人留下什么样的关键原则呢？您为我们提供了一个例子，您和尼克松在你们想要阻止或鼓励发生的事情上向前看了几步，但其他一些关键原则是什么呢？

包括谈判。

我们并没有带着精确的谈判理论进入政府，但我想说的是：第一，我们总是带着一个问题开始每一次外交努力："我们在这里想要做什么？这次行动的目的是什么？"所以我们试着不纠结于谈判的所有技术细节。我们总是试图把注意力集中在我们想要去实现的东西。我们努力为自己制定某些原则，写下许多文件，阐明我们要在这里做些什么事，并对这些事进行回顾。在越南问题上也是如此，我们很早就制定了分别处理政治问题与军事问题的战略，强调政治问题应当由越南人自己去解决，而由我们来处理军事问题。

撇开这样做的优点不说，它很好地以这种方式达到目的，这一协议也反映了这种设计。随后，由于美国国内局势动荡，我们没有维持协议。

中国问题也是如此。总的来说，我应当说，尼克松的外交政策是以"我们要达到什么目的"这个问题开始的，这不仅仅是形式上的，在非常明确的意义上也是如此。

所以这不仅仅是一个过程，而是目标的最终状态？

是的。最终状态是什么？我们从来不相信谈判本身会产生某些神奇的结果。我们认为，谈判进程将支持我们要努力实现的目标。你可以把它应用于我们所进行的每一次谈判。我们努力参与谈判，因为我们知道应当得到什么样的结果，以及应该如何去实现。这种态度的结果是，我们努力去理解对方的想法，这样我们就没有把永久的敌人作为一个抽象的固定概念。所以我们试着去理解对方想要达成的目标，因为必须获得有关各方的支持，才能结束谈判。否则，你只是在谈判停战协议而已。当我们遇到不可调和的敌意或无法弥合的冲突时，我们努力运用某种战略来解决。

然后，我谈谈对具体谈判实践的看法。传统的谈判方法是阐明你的最大目标，然后一点点地放弃，一点点地让步，直到得出最后的结论。

我一直反对这种方式，理由是，当你运用这种所谓的渐进战术时，你永远都不知道你何时才能抵达终点，一切都变成了对力量和耐力的考验。所以我的一般方法（我说是我的，因为我实际参与了很多问题的谈判），是很快就提出我们的基本目标，提出我们想要达到的基本目标，也许再加个百分之五，然后向另一方详细解释。目的是要探求概念上的理解。

温斯顿亲历了几乎所有这些谈判过程，所以他可以证实，我通常会花很多时间从战略角度和哲学角度去解释我们的长远目标。我认为另一方必须根据对他们自己的目标的某种评估来做出决策，他们需要知道我们的目标。

我想说，只有对方给了你相当坦率的解释，谈判才会成功。我要说，与周恩来和萨达特的谈判就是这样的例证，在谈判中，我们没有为小事而讨价还价，而是朝着既定的目标大步向前。

您难道不觉得，这与苏联人的地毯商人风格，或越南人那种将谈判视为一种战争行为的风格形成鲜明对比吗？

绝对是这样。这种方式没法在越南人身上奏效，因为越南人对达成解决方案不感兴趣，他们只对胜利感兴趣，因此他们把谈判视为摧毁我们士气的一种方式。

谈判之所以旷日持久，是因为我们直到最后都不放弃我们的立场，他们也不会放弃他们的立场。最后是那个神奇的一天，他们递给我们一张纸条，实际上是他们接受了尼克松在八个月前公开提出来的一项建议。就像我说的，在那一轮谈判结束时，我和温斯顿握手，说："我们做到了！"结果证明这句话说错了。

我觉得只是还为时过早，并没有错。

嗯，还为时过早。的确，协议在三个月之后达成，但没能维持，因为水门事件之后没有人支持执行该协议。

亨利，您是怎么把您的谈判方式和俄国人的方式调和起来的？您是怎么设法解决这个问题的？因为他们显然不同于中国人或萨达特。

嗯，萨达特和中国人都决定改变他们自己的行动框架，因为萨达特明白他无法通过军事手段来达到他的目的。你可能会说，"嗯，但他开战了"，但他开战只是为了使自己成为一个有实力的谈判者。他并不认为这场战争本身具有决定意义。

中国人担心苏联的进攻,他们想要尽量加强他们自己的力量。

当我们开始谈判时,苏联人还没有一个与我们兼容的观点。苏联人把我们当作永久的对手。但在与苏联人打交道的这些演变过程中,出现了,我不想说是一种认识,而是一种信念,即需要以某种方式结束冷战。我们尚未就如何实现这一点而达成确切的协议,在没有实现这种协议的情况下,苏联人的谈判方法和零售方式无异。他们把每件东西都卖了好几次!

最后一个例子是:由于以色列人在历史上的不安全感,他们对细节的研究相当细致。

以色列的问题是,他们的生存范围是如此之窄,威胁我们生存的东西与威胁他们生存的东西之间的差距是如此之大,所以他们必须证明,他们所放弃的每一件东西,其谈判对手都必须至少要以心理疲惫为代价来获得。因此,以色列的每一次谈判都要进行到最后一天、最后一小时、最后一分钟,这样他们就可以向自己证明,他们不可能得到比他们所能得到的更多的东西。尽管这样的事令人很伤脑筋，但我非常同情以色列，因为当你审视人口比例关系时，当你可以开车在一个小时之内穿越整个以色列时，它放弃领土与一个大陆国家放弃领土的意义全然不同。

正如您刚才向我们描述的那样，以这种方式与俄国人谈判，以那种方式与以色列人谈判，以及以另一种方式与萨达特和中国谈判，这在多大程度上取决于某个国家的民族特性，多大程度上取决于您与之谈判的领导人的品格？

嗯，我们的民族特性不是像尼克松政府那样谈判历史和战略。我们的民族特性是，当出现问题时，外交人员就会参与其中，你可以通过一次合法而细致的谈判来解决这个问题，而我们之所以能够做到这一点，是因为我们身后有两个大洋可以供我们运作。

在某种程度上，每个国家的谈判风格部分都是其历史环境所造成的结果。俄国人在谈判中事无巨细，他们的策略也咄咄逼人，因为他们生活在一片数百年来遭受来自四面八方的侵略的领土上，因此，他们对周边国家的可靠性是极为、极为缺乏信心的。以色列在某种程度上也是如此。

阿拉伯社会在充分反映其历史的传教冲动和其活动环境的现实之间一直处于分裂状态。因此，在尼克松政府时期，阿拉伯国家扮演着民族国家的角色，但总有一股有可能突然爆发的传教狂热的暗流。

在我看来，具有"中央王国"情结的中国人有一定的自信，使他们能够从长远的角度看问题。您不认为这会促使他们支持我们的外交方针吗？

中国人不把谈判看成是解决个别问题的方式。中国人认为每一个解决方案都是另一个问题的入场券。所以他们从过程的角度来考虑问题。

美国和中国的谈判者之间存在的一个问题是，美国人通常有一些他们想要实现的具体项目，而中国人则想知道我们想要达到什么目的、我们愿意在一个历史性的过程中做些什么。

尼克松到中国与周恩来讨论战略观点，这在美国的外交历史上几乎是史无前例的。我所遇到的或者我研究过的美国总统都不愿意花这么多精力去构造一个哲学框架。

在秘密旅行以及随后的旅行中，您多次与周恩来会谈，几小时接几小时地和他探讨大局远景。与周恩来一起工作同后来与毛泽东一起工作有何不同？他们的方法有什么不同？

周恩来是一个极具智慧和个人魅力的人。他在非凡的知识和非凡的耐心框架下进行谈判，从来没有企图宣称要维护力量的相对平衡。有时他非常强硬，但他在这些阶段中是在一个具有说服力的框架内进行谈判，表明我们都是认真的人，都决定朝着某个方向前进，我们将设法找到实现这个目标的最佳途径。因此，他会捡起一些小事——如果我们这方有人生病了，或者在以前有过某种联系——他总是想方设法去提及。但他从来没有想要去讨好某个人。

毛泽东是革命奉献的化身。他身上有支配一切的气势。就像在舞台上，一个伟大的演员在三十秒之内就吸引了观众。毛泽东并没有特别想说服你，他说的是格言。他几乎总是以一个问题开始谈话。与大多数政治家不同，他没有说："我要说五点。"他会说："你在考虑什么……"然后他会带你进入下一步，用苏格拉底式的对话来回答，然而在对话的不同阶段会被他冷嘲热讽的评论打断，这些评论传达出"不要试图愚弄这个研究人类弱点的专家"。

他的经典回应之一是:"你们美国人让我想起燕子,它们在暴风雨来临时飞到空中,挥动翅膀。但是,教授,你和我都知道,挥动翅膀并不会影响暴风雨的到来。"或者你告诉他一些有关谈判的事,然后他就脱口而出"慕尼黑……",但这一切都是彬彬有礼地说出来的。他流露出知道世界将走向何方的信念,而你必须适应那个框架。

尼克松—毛泽东会谈之后,我们在另一次访问中进行了一次大约三个小时的会面。他回顾了整个世界。他的谈话甚至涵盖了阿曼、巴基斯坦等国家详细情况,我们真的不知道他是出于什么目的。我们当时在北京的驻华联络处主任戴维·布鲁斯表示,这是他所见过的最异乎寻常的表现。他认识诸如法国总统夏尔·戴高乐和德国总理康拉德·阿登纳这样的领导人。

公平地说,在尼克松—毛泽东会谈中,尼克松想要谈论实质问题,而毛泽东一直说这都由总理去定。我们对毛泽东在每一个问题上的简短评论感到有点吃惊。但随着时间的推移,我们意识到这是他为建立一个战略环境而施展的技巧。

还有一件事。我后来和唐闻生谈过，她当时是毛泽东的翻译。我们不知道尼克松到达前的一星期毛泽东病得很重，甚至在认真考虑是否取消这次访问，却又极不愿意这样做，因为没有人会相信他真的生了病，或者，如果他们真的相信他生病，就会设法加以利用。医生告诉毛泽东，如果他与尼克松的会面超过半小时，他就无法对其后果负责。事实上，他坚持了大约五十分钟，这就解释了为什么每当尼克松提出实质性问题时，他总是说："这必须由周恩来和其他人来谈。"部分原因是，由于尚未就《上海公报》达成最终协议，他不希望与可能出现的失败联系在一起。但可以明显地看出来，他当时身患重病。

你们和他坐下来时，能看得出他身体不好吗？

看不出来，但是，这次访问之后，我们再和他会面时，看得出他越来越虚弱了。

一九七五年我们与他进行了一次会谈，筹备福特的访华之行，当时他连说话都很困难。他会含混不清地说些什么，然后工作人员根据自己的理解，把他的话写在纸上递给他确认。

我也觉得有趣的是,周恩来和毛泽东坐在一起时,与毛泽东不在场时,举止不同。

周恩来在和我谈判时是一个大权在握的人物,完全控制着会议室中他那一边的局面。毛泽东在场的时候他非常恭敬。我不记得他有过什么插话。他可能会说一两句话,但即便如此,我也记不起来了。

所以谈判其实是毛泽东和尼克松之间的谈判,而不是你们四个人的谈判吗?

在首脑会议上没有进行真正的谈判,因为毛泽东拒绝讨论任何实质性问题。他和尼克松之间谈的都是一般性的原则。《上海公报》是周恩来与中国外交部副部长和我之间的谈判达成的。周恩来与尼克松一起回顾了具体问题和国家的演变,但毛泽东说了一些非常重要的事。第一,他并不执着于立即统一中国。他说:"我们可以等。他们是一群革命者。"在当时这是一条非常重要的保证。然后他说他宁愿与西方保守派打交道也不愿与西方左翼人士打交道，这意味着是对看这份记录的人做出的指示，他希望谈判取得成功。他对尼克松非常友好，但没有进行真正的谈判。

您对勃列日涅夫、葛罗米柯也许还有多勃雷宁，有什么印象？

好，先谈多勃雷宁吧。他是个极棒的专业人士。他知道他要谈的主题。他了解美国，而苏联外交官并不总是这么了解美国。他以非凡的技巧处理他的工作。我认为，随着时间的推移，他在某种程度上参与了美苏对话。但据我们所知，他从来没有超越莫斯科的指示而行事。因此，他从来没有做过美国谈判者有时会做的事情，那就是提出自己的谈判立场，并试图向政府推销。他从来没有做过这种事。但他非常老练地与华盛顿的许多人士保持接触。我越来越尊重他。我时不时安排一次会面，在会面时说："现在，让我们彼此边想边说出来。不要谈我们收到什么指示，而是谈谈如何评估我们在做的事情？"这有时会奏效，有时他会更为克制。但是，如果你回顾他十几年来的任职经历，他几乎是你所能想象到的最好的大使，因为他坚定地捍卫他所代表的国家的观点，但他也有足够的灵活性来理解我们的思维方式。他知道在我们的系统中什么事是可能的。

葛罗米柯怎样呢?

葛罗米柯是外交官中的外交官。他是通过严格遵守政治局的路线而得到那份工作的。在苏联,情报分离,因此外交部长一般并不了解军方的详细想法。所以,我作为国务卿,在葛罗米柯当上政治局委员之前,可能比他更了解有关苏联的军事部署和军事力量的情况。

但是,在他当上政治局委员之前的一段时间里,有一次他推断出苏联政府的正式立场,要求为一种我们的情报部门从来没有发现过的导弹提供空间。所以我们并不知道这次谈判究竟要谈些什么。他固执地要求获得理论上的权利去制造一种导弹,我们从没听说过有那种规格的导弹。休息期间,他的随员中的一位苏联将军走到我面前说:"如果你把讨论推迟到明天早上,我想我们可以提出更全面的看法。"所以第二天早上我们又回到了那个话题,他们却再也不提那种导弹的事了。

他也很有幽默感。他在英语中使用四重否定句,诸如此类。

是的，他有一种非常低调和有点复杂的幽默感，而且所有这些幽默感都是在脸色非常阴沉的状态下说出来的。他在构建双重否定和让人听起来难以置信的复杂句子方面极具天赋。但我现在没法想起任何确切的句子了。

勃列日涅夫呢？他扮演了关键角色吗？

根据组织结构图来看，他发挥着关键作用，在以"三驾马车"来取代赫鲁晓夫的意义上赢得了权力斗争，随后成为"三驾马车"中最强有力的一员。我们是在他生命行将结束的时候见到他的。我们第一次见到他的时候，他充满热情、充满活力，支配着苏联方面的谈判，不是很有智慧，但总是有一种深沉的情感。他比我们遇到的其他苏联领导人更有个性。

他的烟瘾很大，他的医生正尽力想要让他戒烟。他有一把小手枪，每当他违反医生的命令点上一支烟时，这把小手枪就会响，他花了很多时间把玩那把小手枪。你得记住，我们每个人都必须坐着仔细听对方长篇大论的翻译。通常，在我的一次发言之后，当翻译开口翻译时，勃列日涅夫会走开，在房间里来回踱步，签署文件，因为我们通常是在他的办公室或政治局的办公室举行会谈。办公室尽头有一张办公桌和一张长桌，我们就围绕那张长桌坐着谈判。他算得上有人情味。

回想起来，我一直认为他是戈尔巴乔夫的先行者，他知道，在某种程度上，那个制度搞砸了，在某种程度上他必须与我们和平相处。但他还是太僵化了，或者他还缺乏足够的想象力。

在欧洲安全会议上有一个有趣的时刻。几个月前他中风了，在任何会议上，他的体力基本上只够支撑两小时。那是在一九七五年。我们基本上把时间都花在限制战略武器谈判上了。他想散会。那时我们是在福特总统的领导下。在计划的时间快要到点时，福特总统说："我们还没有讨论中东问题呢。"勃列日涅夫说："让亨利来处理吧。过后他可以和葛罗米柯谈这事。"而葛罗米柯简直就要瘫倒在座位上了，实际上之后事情也不是这样解决的。但是勃列日涅夫只是想离开房间。

黎德寿怎样呢？

我能告诉你当我需要去洗手间的时候对黎德寿说了些

什么吗？我说："客观需要要求我要求中断一下。"然后他花了四十五分钟时间向我解释，我没有权利使用共产党人的行话。

他也经常在适当的时候说头痛。还记得吗？

是的，当他想浪费时间的时候。不管怎样，我的意思是，考虑到他和我们的对抗，他还是令人难忘的。我们要是没耐心的话，随时都恨不得把他打翻在地。他具有超强的能力来与一个超级大国打交道，从来都是沉着冷静，用极端的技巧和极端的礼貌来折磨我们。他从没说过会让你个人生气的话。这种过程就像外科医生在做手术。你很清楚他在做什么，但你唯一的补救办法只能使自己的处境更加恶化。

还有另一个精彩的时刻。他做了同样的开场白，这也是他让我们身心疲惫的心理战的一部分。几乎每天都是同样的开场白，大约四十分钟。你必须像听开场祷告那样听他的开场白，而它一句不变。其中一个关键的句子是："如果你们付出很大的努力，我们就会付出很大的努力。"所以有一天他说："如果你们付出很大的努力，我们就会努力。"为了打破单调乏味的场面，我说："特别顾问先生，我是不是注意到，您在这里改变了措辞?"他说："我很高兴您注意到了，因为昨天我们付出了很大的努力，而你们只付出了一次努力。"你还记得吗?

绝对记得。

十　外交政策的过程

一个制定和执行外交政策的健全过程不一定能保证成功，但是，一个有缺陷的过程几乎可以确保失败。

没有魔法公式。历届政府都采取了或是由白宫主导，或是由国务院主导，或是两者互相平衡的方式，从而取得不同程度的成功。

然而，有两个先决条件：该制度必须反映总统的优先事项，并且必须允许所有相关行为者仔细权衡他们的意见。毫无疑问，尼克松总统把控制权集中在白宫，把最敏感的谈判委托给基辛格。但要求有关机构提供背景、分析和建议——这些都构成了外交成就的组成部分。

不管是什么过程，在做最重大的决策时，对于每一个面对重大备选方案的总统来说,都是高处不胜寒。正如基辛格在战后从德国写给父母的信中所说的,"真正的困境是带来极大痛苦的灵魂方面的难题"。

* * *

所有这些都让我们进入之前讨论过的国家安全委员会系统,但您可能想要最后做些反思,关于什么才会适合任何一位总统。它对总统本人的重要性有多大?这个系统中是否有一些普遍性的原则?对尼克松而言,它的利弊如何?

我认为有必要再强调一下,尼克松就任后,我被任命为国家安全事务助理时,我对国家安全委员会的制度并没有固定的概念。尼克松派古德帕斯特将军来协助我设计这个系统,因为他在战争期间和艾森豪威尔政府时期都是艾森豪威尔的幕僚。

艾森豪威尔的观点再一次对尼克松的国家安全委员会系统产生重大影响,即国务院不应该负责日常的跨部门运作。这就是白宫成为这些跨部门委员会主席的原因。事实上,从那以后的几年里,这个系统一直保持着这种做法,原因与艾森豪威尔建议的相同。国家安全委员会的辩论通常都是总统顾问团成员之间的辩论。指定这些总统顾问团成员中的某个人担任跨部门委员会的主席会使这种程序走偏。国家安全委员会办公室代表总统，处于不偏不倚的地位。艾森豪威尔还认为，国务院没有很好地组织起来承担这种责任。

您能回忆一下国务院和国家安全委员会之间的分工，以及总统应该在多大程度上授权外交政策吗？

如果我是在一次研讨会上讲课的话，我会说国务卿应该执行外交政策，他应当成为一切外交政策的发起人，应该是主要发言人，做一切适当的事情。但如果你回顾过去的经历，就知道没有哪一届政府大致是以这种方式运作的。最接近这种方式的是詹姆士·贝克和乔治·赫·沃·布什，因为他们是终生挚友。但是即使如此，当布什想在一九八九年的事件之后重新启动与中国的关系时，他并没有派贝克去，而是派布伦特·斯考克罗夫特去。原因是，在总统的职位上，有一些事非常特殊，所以，在这些情况下，这些事经常由安全事务助理去做。也可以和国务卿一起做，但是国务卿要和将近两百个国家打交道。他必须出席几十个会议以显示美国的存在。因此，作为一个实际的问题，这种抽象的想法，即安全事务助理

十 外交政策的过程

只是坐在外围的办公室里，提出方案，由国务卿去管理这一切，在实践中几乎从来没有发生过。

我同意这一点，但您会不会同意，重心在一定程度上其实取决于总统？例如，您和福特，罗纳德·里根和乔治·舒尔茨？

这完全取决于总统。但是，如果你没有一个强有力的安全事务助理，对现有的各种选择都有自己的看法，而且或多或少地控制着白宫文件的进出，那么，你只好让各个部门发挥更大的作用。一位观点成熟的安全事务助理符合好政策的利益。因为如果没有，那么官僚政治就会吞噬你。但安全事务助理需要避免主要是扮演代言人的角色。

您在暗示官僚政治无法带来创造性的新想法。

这并不是对官僚政治的反思，但在实践中，每天都有成千上万封电报流入华盛顿，它们需要得到回应，所以这个系统是用来处理当前的问题。事实证明，要突破这个系统几乎是不可能的。我们在尼克松和福特政府时期通过让温斯顿担任政策规划部门的负责人而做到了这一点。单靠任命是办不到的。我把温斯顿纳入我个人工作人员中不可或缺的一员，所以大楼里的每个人都知道，如果没有温斯顿，我是提不出建议的。因此，这就把政策规划部门引向扮演比平时更具操作性的角色。通常很难把他们所写的内容抽象的文章运用在摆在你面前的问题上。

因此，理想情况下，你应该有一位国务卿、一位安全事务助理和一位可以和谐相处的总统，你们可以组成一个团队。这是绝对的理想状态。并且在一定程度上存在于布什政府中，因为布什是贝克的挚友，而且，在尼克松执政时期斯考克罗夫特曾与布什共事过。所以它奏效了。

个性成分和政策成分一样重要吗？

部分是由于个性。当你到了总统顾问团的层次，你已经习惯了自己的方式，否则就达不到那个层次。如果你没有自己的方式，并且有挫折感，你就会愤愤不平。

所以它就会影响到政策。

不可避免的。因而总统利用他们的各个顾问彼此之间的相互竞争来阻止发生这种情况，也不是没有道理。举个历史上的例子来说，富兰克林·罗斯福就是这方面的大师。

其他机构呢？特别是随着世界的变迁，国防部，经济机构，中央情报局，等等。它们要怎样适应这个系统？

中央情报局必须是该过程的一个绝对不可分割的组成部分，因为他们的评估部分地塑造了这一过程。其他部门可能与他们有不一样的评估，但中央情报局是政府中一个从理论上来说没有政策目标的部门。他们的工作是为我们提供关于形势的最佳判断。因此，尼克松的国家安全委员会与中央情报局的紧密联系，并不是在热门新闻上，而主要是在过程的走向上。他们认为自己在一边待着做什么呢？

在这届政府执政的早期，我们就苏联导弹发展的一些问题进行过一次讨论。我们可以获得所有的技术信息，但我们想了解苏联是否意图通过发展高精度的导弹来实现先发制人的能力。我把分析人员叫到战情室，请他们告诉我他们是怎样得出结论的。中央情报局的负责人不喜欢这样，因为他们认为这是中央情报局局长才有权下达的分析任务。他不想有人去核查他手下的工作人员是怎样分析出来的。

现在谈谈经济部门吧。我意识到我没有经济方面的技术能力，也没有试图去获取这种能力。为了理解经济问题，我试图与商务部部长皮特·彼得森、甚至与财政部部长约翰·康纳利建立非常密切的关系。我没有从财政角度去怀疑他们的措施，但是我试图在他们所采取的措施对政治形势有何影响的问题上表明立场。因此，当尼克松与法国总统乔治·蓬皮杜在亚速尔群岛会晤时，我在一次会议上发挥了直接的作用。康纳利是财政部部长，他说他不想做出让步，所以我成为那只牺牲的羔羊。我被派去拜访蓬皮杜，他是一名银行家。我对蓬皮杜说："您在知识上具有很大的优势，而我的无知也是很大的优势，因为除了给您带来我的立场之外，我还带来了我的混乱头脑，我无法改变它。"

但是，依照一般的规则，我试图理解财政部的立场对外交政策所产生的影响。如果我认为其立场会带来外交政策方面的问题，我会把它提交给尼克松。但我和财政部部长、商务部部长都相处得很好，和他们的系统合拍，因为康纳利是个强人，而且他们两人做事都深谋远虑。

但是，在当今的世界里，经济力量比过去更为重要，你可能不得不以不同的方式思考这个系统。

是的。例如，在跨太平洋战略经济伙伴关系的谈判中，作为安全事务助理，我会把它交给我能在日常事务中找到的最能胜任的人员，而只保留我对"我们在这里要做什么"这个问题的看法。

它涉及我们在亚洲的总体影响，而不仅仅是经济层面。

在这一方面，我认为我比经济学家更了解政治形势。

您在和苏联、中国及中东打交道时，是考虑外交政策对经济的影响，还是考虑经济发展对外交政策的影响？您是怎么把这些结合起来的？

嗯，从现在起，这种形势就大不相同了，因为我们向中国开放时，我们与中国的贸易少于我们与洪都拉斯的贸易。苏联也是一个自给自足的单位。今天很难想象，我们的努力之一是，我试图让苏联在公开市场上出售石油，作为一九七三年战争和石油禁运后对石油输出国组织的威胁。我想要做出一些安排，让苏联可以用石油来支付谷物和诸如此类的费用。我们的理由是，如果市场上有更多的石油，就会压低价格。但它遭到政府安全部门的人员和石油公司的强烈反对。所以我们永远都没办法让它奏效。但温斯顿是对的：苏联和中国都不是尼克松政府中的主要经济角色。所以我们必须懂经济学，但这并不是日常的关注。

现在，国防部是由那些将执行命令作为一种生活方式的人组成的，所以我的总体观点是，具有讽刺意味——不完全正确，但非常接近——如果白宫向国防部下达命令，那么执行这个命令的几率是百分之八十，执行类似这个命令的事的几率是百分之百。如果白宫向国务院下达命令，那等于是要开始某种谈判。

除非有人同时有两个头衔，比如总统国家安全事务助理兼国务卿，那么效果会稍好一点！

是的，的确如此！但是，国防部的基本观点是围着总司令转的，而国务院是对应国务卿而设立的。国务院的基本本能是，他们花了一生的时间研究政治和外交问题，因此，如果他们被命令做一些他们特别不认同的事，就必须给他们一个提供替代方案的机会。这是对的，但是，你在国务院系统中看不到你在国防部里所看到的这种自动性，因为国务院系统更具有反思性。这不见得是取决于要立即执行。

因此，在处理这两者的问题上是有区别的。总统和安全事务助理带领国务院按照自己的思维方式行事，是非常重要的，但国务卿所起的作用则是决定性的。如果总是靠下命令行事，它永远不会有效，因为他们不会成为你所想要的一部分。因此，领导力的一个重要部分是训练你自己的国务院。

关于公共舆论，在华盛顿有人对我们进行辩论和批评时，休伯特·汉弗莱曾给我打过一次电话，"这是一种华盛顿特区现象。你到乡下去，把你的案子交给公众。在公众场合，他们非常认真地对待你。如果每个国会议员都看到你去过他那个州，这将给你很大的影响力，"他说，"你来明尼苏达州时我会和你一起去。"当年他是总统候选人。在今天的政治气氛下，这种事是不可想象的。我们认真对待了。我们在不同的州做了四十一场演讲。我在我们去的每一个州都发表了演讲，会见了领导团体，召开一次新闻发布会。华盛顿几乎都不报道这些事。

但您主导了当地媒体。

我认为这对在公众心目中确立我们的政策有很大帮助。

还有演讲,即使这些演讲没有在这里得到认真的对待,它们也会在外国的首都得到认真研读,您迫使美国的官僚机构在起草草案时做出决定。

在联合国举行的一次大型会议上,我们利用秘书长的演讲中所陈述的事实,概述了我们准备采取的一系列措施。要用两小时才能看完那篇演讲稿。那是我在叙利亚穿梭外交的过程中草拟的。当时温斯顿和我在一起,他在旅途中一直在完善演讲稿。所以我只是想描述一下我们是怎么运作的。我并不是说这是一个可以作为范本的东西,只是说它的关键要素是必要的,而且在某种程度上是必须的。

在经济方面,当我们感觉到某个问题会影响到各国的政治联盟时,我们会尝试就这个问题发表演讲,即使它主要是一个经济问题。我们有过一次活动,提出制定石油生产的最低价格,用以鼓励替代性能源。无论我们在经济学上是对是错，都没有什么关系，我用一个通常由财政部处理的问题来说明这一点。

那么国会的角色和责任呢？

这是同一件事的一部分：您必须赢得人心和人的思想，您利用演讲的过程走遍全国，以获取公众的支持。

我们得推动国会。因为越南和水门事件，我从来不具备典型意义上国务卿的立场，我们面临巨大的压力。因此，我们和国会一起试图做很多概念性的通报。

您也是和媒体一起做的，在新闻记者招待会上。

是以国务卿身份还是以安全事务助理的身份？

我在国家安全事务助理的位置上就开始这样做。安全事务助理不会在国会作证，所以我告诉威廉·富布赖特，如果他邀请参议院对外关系委员会到他家里喝一杯，我就会出现，我们可以以这种方式进行讨论。这种做法持续了好几年，当然，尼克松知道这件事，也给予鼓励。

我们非常重视概念性通报，相当准确地让他们知道我们的目的是什么。但随后在水门事件期间发生了很多事情。后来一些民主党领导人认为，如果尼克松赞成缓和，那么，情况有点紧张并不会太糟糕，因此双方的界限正在发生变化。

是的。您是鸽派，他们是鹰派！

但是我们有一个很大的优势，那就是有很多严肃的参议员已经任职了很长时间，他们在很大程度上遵循国家利益原则。所以你可以找一些人，比如理查德·拉塞尔或者斯滕尼斯，或者找各个委员会的主席说，"你的国家需要这个"，这不会被看作是一种公关伎俩。一年这样做两三次，可以得到至少一次实质性的反应。不该滥用这种方式，但是你可以用这种方式跟一些人对话。

不是那些为自己的政治前途着想的众议员或参议员。

这与僵化的政治路线和政党路线恰恰相反。由于我们在国会上遇到的所有问题，在尼克松政府中，交换意见绝对是不可避免的。当年那是一个不同的华盛顿。星期天晚上乔·艾尔索普会举行晚宴,邀请共和党和民主党的领导人以及我参加。这些晚宴消除了这些辩论中的一些毒素。

您认为这对现在的政治来说是很好的一课吗?今天的政治已经变得如此具有党派倾向了吗?

嗯,问题是,当时的国会议员都住在华盛顿,而现在的国会议员没有住在华盛顿。他们周末回家。当时有一种平民的感觉。乔·艾尔索普是中心人物,甚至还有波莉·威斯纳和凯·格雷厄姆。根据某种默契,在这些宴会上发生的事从来没有上过报纸。它创造了一种对话,一种永久的对话,这是一笔巨大的财富,就我所知,现在没有这种对话。

是的,现在没有。既没有政府官员举行的记者招待会,也没有左翼和右翼之间的对话,甚至在自己的党内也没有这样的对话。

我认为您的记者招待会对媒体很重要。您真的花了很多时间做这事。而且,它们更多是概念性的,而非战术性的。

嗯，如果你看看我们花在演讲上的时间……

还有您写的外交政策报告。

看看我们花在演讲上的时间和我们花在记者招待会上的时间，必须得有这些时间。在最初的几年里，每个星期五我都会召开一次记者招待会谈越南问题和其他问题。从来没有被泄密过。这就像哈佛大学的研讨会。我会给他们很好的解释。

我可以再举一个例子。有一次我乘坐"空军一号"，飞机后面有一个新闻小组。我走到后面和他们聊天。我们要去萨尔茨堡与萨达特会谈。我们降落后，《华盛顿邮报》的资深人士默里·马德打电话给我说："你应该知道，记者团完全搞砸了。他们引用在旅途中听到的你说过的话，你不会相信的，他们会造成混乱。"于是我说："我能做些什么？"他说："你什么也做不了，因为你不应该知道记者团的报告说了什么。""你能做的最好的事，"他说，"就是召开一次公开的新闻发布会，我会问你一个与那一主题有关的问题，然后你就可以说出我所知道的你所要说的真正的意思。如此他们就得引用你的话。"你能想象今天会发生这种事吗？

不，今天绝没有机会这么做。他们会急着把它印出来，让你看上去像个傻瓜！

跟我们谈谈尼克松—基辛格的遗产。不仅是与中国、苏联、军备控制和中东有关的外交政策，还有政治遗产。你们还影响了整整一代未来的外交官和领导人。

好吧，我为与我一起工作的人而感到骄傲，他们在一届接一届的政府中连续为公众服务四十年。我们并没有打算这么做，但事情就是这样发生的，也许是因为我们不是一个党派团体。回顾过去，我的政府工作生涯中的一个精彩时刻是，我们进入柬埔寨时，温斯顿正在考虑离开。至少我认为他在考虑离开。我请他来，对他说："温斯顿，你可以选择。你可以出去拿着名牌到处跑，也可以和我一起工作，我们可能会结束越南战争。"

温斯顿选择和我待在一起，尽管他的朋友大多站在另一边。然后，越南人接受了尼克松在六个月之前提出的建议，这是谈判的突破。会谈结束时，我转身对温斯顿说："我们做到了。"然后握了握手。这就是我们的工作氛围。我们从来没有想过这是共和党对抗民主党的事情，尼克松也没有这样想。无论他在国内领域或国外领域做了些什么，他都以国家利益为主导。

当您回首往事时，您知道你们在做这件事的时候，其实是留下了一份四五十年的遗产吗？

没有。我的意思是，如果你读过我以前写的文章，我知道问题所在，但我不记得我们对自己说过"五十年后情况会怎样"，我们确实试着问我们自己："这是为了和平吗？"

所以我想，我一直努力在做的，是以长远的眼光看问题，从国家利益出发考虑问题，但国家利益往往也涉及其他国家的国家利益。因为如果你只维护自己的利益，而不把自己的利益与他人的利益联系起来，你的努力就很难持续。了解国家利益是很重要的。知道如何利用国家利益也很重要。我们已经谈过一些成就，我没有一一列举出来。但是，如果你看一下对中东、亚洲、欧洲的主要政策和有关军备控制问题的政策，尼克松时期对这些政策的形成起了很大的作用。

十一　战　略

　　缺乏总体战略会使人陷入具体事件而难以自拔。尼克松总统和基辛格之间最重要的纽带是他们共同的战略方针。在不断评估战术的同时，他们专注于他们的长远发展方向。

　　这种做法激发了美国在重大问题上的政策。从相互隔离到戏剧性的开放。从与一个共产主义国家打交道到同时与几个共产主义国家打交道。从紧张的核僵局到更加稳定的关系。从痛苦的泥潭到光荣的和平。从苏联军备的摇摆到美国外交。

　　他们并不总是成功。他们犯过错误。但展望未来，将问题和关系联系起来，将激励和压力融为一体，他们在零散的问题上和重塑国际格局方面均取得重大进展。

* * *

我们已经用了四十年来反思尼克松总统的外交政策。回头看看，您今天怎么看待这份遗产？

尼克松的基本贡献是建立一种外交政策的思维模式，这是开创性的。美国外交政策的传统思想是，重大的问题可以分割为个别的问题，逐个解决——事实上，如何解决问题就是问题。因此，我们会卷入一种似乎威胁到我们的生存或其他重大利益的局势，但很少涉及世界秩序的概念。

除了那些美国国父，以及"泰迪"·罗斯福外，尼克松是把外交视为一项大战略的美国总统。在他看来，外交政策通过平衡各国的自身利益，从结构上改善它们之间的关系，从而促进全球和平与美国的安全。

而且他从相对长远的角度来思考这个问题。

请举例说明这种战略和长期思维。

当然，最明显的例子是中国。如果你看看尼克松对中国的看法，看看在尼克松主持下撰写的外交政策报告中所说的话，就会知道，他会从世界秩序的角度来探讨中国问题，既不是从任何特定危机的角度，也不是从越南的角度，尽管他看到了对越南的影响。

他认为，通过使中国参与国际制度，国际政治的整个格局将会发生转变，因为所有其他国家都必须考虑中国在新格局中的影响。他推测，只要中美关系使双方都对对方的地位产生信心，我们就有可能制造出一种局面，即美国与中国和苏联的关系会比中苏之间的关系更为密切。因此，我们就会有很强的讨价还价能力。他还认为，随着美国公众对和平前景的看法发生变化，我们的国内使命感将得到加强。

另一个例子是中东。在尼克松政府初期，我们决定设法驱逐苏联在该地区的军事统治和影响力。事实上，我是这么说的。从国内的角度来看，使用"驱逐"这个词很不合适，但这正是我们打算做的事。我们的战略是在所有这些正在进行的谈判中表明，不允许由苏联的军事压力或军事存在来决定结果。

我们认为，在这条道路上的某个地方，一些阿拉伯国家会弃船，决定应该由美国的外交而不是由苏联的武器来解决这个问题。我们面对批评，特别是面对来自欧洲的批评，在那里坚持了四年，最终实现了这个目标。

所以，如果我说错了，请纠正我——您进入政府时，甚至在一九七三年赎罪日战争之前，就一直在考虑这个问题吗？

这个决策是在一九六九年做出来的。

因此，即使在那时，当苏联是阿拉伯世界的主导力量，制造着阿拉伯世界的事件时，您和尼克松也可以想象出，有朝一日美国将取代苏联、成为事件的主导力量吗？

苏联并没有完全占主导地位，因为有以色列在那里，我们与以色列有着特殊的关系，还有一些国家，如约旦和沙特阿拉伯，它们都不是亲苏联的国家。但是在埃及、叙利亚和伊拉克等大一些的国家，苏联实际上是唯一的武器供应国，在外交上占有某种程度的主导地位。

但是，因为我们不认为他们有能力实现军事解决，我们得出结论，如果我们能够证明这一现实，某些阿拉伯国家迟早会转向美国的外交选择。事实上，一九七二年萨达特驱逐了苏联顾问，这对我们来说是一个信号。我们需要一些时间来利用这种信号。

在我看来，总统和您也认识到，尽管你们是以色列的强有力支持者，但你们想要处于一种地位，即可以在双方之间进行斡旋的地位，而苏联人实际上只是想站在阿拉伯世界一边说话。因此，尽管美国大力支持以色列，但作为一个诚实的中间人，美国具有巨大的影响力。这么说恰当吗？

恰当地说，我们不会坐视以色列在军事上被苏联的武器或其他任何国家的武器所击败。因此，我们将创造一种局面，即如果有人想要取得进展，就必须找到外交解决办法。

因此，当您进入政府时，您和尼克松就有了一个战略远景，关于你们希望世界往哪个方向发展，或者美国能在哪些方面处理中国问题、苏联问题、军备控制问题和中东问题。您将采取哪些具体步骤来实现这一目标？是积极主动吗？或是寻求更快地实现？

你知道，我直到尼克松政府上台才和尼克松会面。然而，正如所发生的那样，他和我有非常接近的观点。但这不是说我们知道接下去的那十步要怎么走。

就中国而言，我们知道我们想向中国开放，但我们一开始不知道要怎么做。我们试过各种我们认为可能会帮助我们传递信息的秘密使者。

在中东，我们的战略目标是要证明，不可能以苏联武器作为压力来取得外交进展。所以，在一九七三年战争之前所发生的各种危机中，我们的立场始终是向阿拉伯人表明，我们愿意、也很希望成为外交中间人，但我们不会为了应对苏联的军事压力而这样做。

你们对苏联的战略目标是什么？缓和？军备控制？

我们的战略目标是防止苏联成为霸权主义国家。就在尼克松上任的六个月之前，苏联军队占领了捷克斯洛伐克，而且，我们当时面对的战略事件之一是苏联人在中国边境部署了四十二个师的军队。因此，苏联的军事压力是冷战世界需要处理的一个主要特征。尼克松还说，他对谈判的时代持开放态度，我们同意就战略核武器问题展开军备控制谈判。我们从来不愿意让军事谈判脱离政治谈判。我们自始至终都试图将军事谈判与有所克制的政治行为联系起来。

您写过、也提到过伊曼努尔·康德，说有时你在道德和目标之间非常难以做出选择。例如，在与苏联的缓和关系中，像您所说的那样，必须在"捍卫自由"和与一个核对手共存的问题上取得平衡。您能详细说明一下那种平衡吗？

在美国的公众讨论中，这个问题通常是这样说的：你可以在共存和缓和之间做出选择。或者……但是接下来的问题是……或者，怎么办？核平衡在某种程度上使你不得不处于某种共存状态。

所以，问题是，你能详细阐述一项共存原则吗？这项共存原则既能维护自由人民的安全，同时又能创造一个机会，即在谈判过程中使我们的政治关系至少可以改善到这样一个程度：在危机中，两国有足够的互相沟通，不会自动升级为一场全面的战争。

尼克松在很大程度上做到了这一点。总的政策是在抵抗苏联公开的军事调遣时态度非常强硬，但要让苏联决策者总是可以预测到，如果他们这样做，就有可能得放弃与美国已经得到改善的长期关系。

一九七三年战争期间苏联内部的讨论文件已经公开，人们可以从中看到，苏联一方面试图援助他们的阿拉伯盟友，但同时也关注着不能损害与美国的关系。

十一 战略

因此，当我们不仅给予以色列同等甚至大大超过苏联给他们的盟友的支持时，那么，首先我们必须在我们和苏联之间找到一个外交解决方案，然后我们再作为以色列和阿拉伯国家之间的调解人，而到了战争结束时，我们参与了停火谈判。

我们促成阿拉伯人和以色列达成三项协议：两项与埃及达成，一项在十八个月内与叙利亚达成。这并不是由于谈判技巧而达成的。无论什么谈判技巧都有可能实现这些协议，因为我们已经促成了一种战略局势，中东所有各方如果想要实现其目标，就必须与我们打交道。

谈谈尼克松遗产的话题吧。他就任总统时，无论是美国在国外的信誉，或是美国可以做任何积极性或戏剧性的事情的那种感觉，都因为人们全神贯注投入越南问题而被削弱了。美国人民的情绪相当低落，无论越南问题是如何解决的，最好的结果也只是前途未卜。

正是由于我们一直在探讨的那些引人注目的举措，在我看来，美国人的精神、美国人对我们在世界舞台上所能做的事情所抱有的信心，以及美国信誉在国外的提高，都发生了重大变化。美国的外交现在既开放又有活力。

我认为这些都是了不起的成就。您同意吗？

是的，是这样。这种转变是在战争以压倒性胜利结束时发生的，但很少是由于外交框架的结果，在这个外交框架中，或多或少有一些平等的国家相互打交道，美国处于影响其行动的关键性的永久地位。这就是强调制定战略设计的结果。

例如，正如我们已经讨论过的，尼克松上任六个月之后，苏联和中国军队之间发生了一系列边界冲突，我们对此进行了分析，起初认为中国是比较激进的，因此也最有可能是侵略者。然后我们确信，在那个时期，苏联最有可能是侵略者。

因此，问题是，美国要做些什么？我们同中国没有外交关系。我们甚至还没有同中国取得联系，即使我们尝试过了，也没有成功。所以我们决定，如果你不知道在某一种情况下该做什么，那就支持弱者对抗强者，因为你不想鼓励侵略行为。

尼克松在一次内阁级别的会议上宣布了这一原则。他说，如果苏联攻击与我们没有外交关系或没有接触的中国，我们就会倾向中国，因为我们不希望苏联成为绝对占主导地位的国家。

我不能说每个同事都被这个想法迷住了，但是一位知道自己想要什么的总统通常总会达到目标。后来没有发生苏联的进攻，但我们自行行动，并通过信息和公开声明，透露已经做出一个倾向中国的总体决策。

当你们看到一九六九年中苏边境冲突时，为什么尼克松无论如何都要介入？为什么不直接就忽略它呢？毕竟，那是苏联的世界，共产主义的世界。

我们对边界争端没有特别的兴趣，但阻止苏联在占领捷克斯洛伐克之后又成功地控制中国符合我们的利益。如果这种情况发生，苏联人可能只要通过军事威胁就可以取得支配地位。

边境冲突也清楚地表明，中国人出于对苏联的恐惧，有与我们合作的动机。

是这样。尽管用了两年的时间，中国只是做到与美国实际接触的程度，但中国的结论是向美国靠拢。尼克松永远不会对边境争端的细节感兴趣。在苏联占领捷克斯洛伐克和美国卷入越南战争之后，他会对苏联战胜中国的战略和历史后果感兴趣。

致　谢

我非常感谢尼克松基金会的杰夫·谢泼德和乔纳森·莫夫罗迪斯（Jonathan Movroydis）在视频制作和技术润色方面所做出的奉献。

我也感谢基辛格博士身边出色的工作人员。特蕾莎·阿曼泰亚（Theresa Amantea）、萨拉·钱德勒（Sarah Chandler）、杰西·莱波里（Jessee LePorin）和梅雷迪斯·波特（Meredith Potter）带领我们走过了制作视频和出版书籍的各个阶段，从基辛格那种近乎疯狂的日程安排中抽出时间参加无数次会议，并勉力对付他那些互相矛盾的要求。至于特蕾莎，她在某种程度上要面对可怕的挑战——破译基辛格那些匆匆写下来的神秘笔迹。

我还要向我的经纪人安德鲁·怀利（Andrew Wylie）表示热忱的感谢和钦佩，他是包括基辛格博士在内的杰出的虚构作家和非虚构作家的知名代理人。他强大的团队，以凯特·卡库里斯（Kate Cacouris）和杰西卡·卡利贡（Jessica Caligone）为代表，用高超的技巧引导我完成了这个过程。

本书能在著名的圣马丁出版社出版，我为此深感荣幸。我要感谢亚当·贝洛（Adam Bellow），他极力称赞这本书，他的"所有观点书系"（All Points Books）激励了美国所迫切需要的理性的政治和文化对话。阿兰·布拉德肖（Alan Bradshaw）、凯瑟琳·海格（Katherine Haigler）、凯文·赖利（Kevin Reilly）和比尔·沃霍普（Bill Warhop）以令人敬畏的天赋和奉献精神促成了本书的形成、润色和完成。同时向圣马丁出版社的萨拉·贝丝·哈林（Sara Beth Haring）、利亚·约翰松（Leah Johahson）、保罗·霍克曼（Paul Hochman）和乔伊·甘农（Joy Gannon）致谢。

最重要的是，我要向麦克法兰表示深切的感谢，她是本书的联合制作人。从对基辛格的采访来指导外交政策小组，到把视频记录的底稿转化为本书，四年间我们的合作亲密无间。她在整理视频的文字记录、撰写本书前言和向基辛格提出问题方面发挥了核心作用。她一直是出色的主持人、提问者和语言大师,而且也是意气相投的伙伴。

　　正如我在前言里所说的,我对亨利·基辛格深表谢意。

索 引

A *World Restored* (Nixon), xi, 88
Adenauer, Konrad, 109
Alsop, Joe, 126
Arab-Israeli War (1973). *See* Yom Kippur War
arms control
　Nixon's foreign policy legacy and, 98, 129, 132–134
　Strategic Arms Limitation Treaty (SALT), 10, 56–61, 113
assassinations, 12, 13

Bahr, Egon, 9
Baker, James, 118, 119
Berlin Agreement, 8–10, 35, 51, 53, 61
Bohlen, Charles E., 6, 33
Brandt, Willy, 9
Brezhnev, Leonid, 8–9, 92, 97
　at European Security Conference, 113–114
　as forerunner to Gorbachev, 113
　illness of, 113–114
　Moscow Summit, 53, 54, 57–58, 60
　negotiating style and personal traits of, 111–114

Bruce, David, 109
Buchanan, Pat, 50
bureaucracy, 18, 19, 22, 99
　foreign policy process and, 119, 124
　linkage resisted by, 63
　opening to China and, 33
　Moscow Summit and, 56
　statesmanship and, 2–3, 5–7, 10–11

Bush, George H. W., 118, 119

Cambodia, xix, 128
   Congressional halt to aid for, 86
   coup of 1970, 32, 73
   Paris Peace Accords and, 82, 84
Camus, Albert, xix
China. *See* People's Republic of China
Cohen, Leonard, xxi
Cold War, 51–52, 61–63, 105, 134
congressional custody, x
conjecture, 1, 4
Connally, John, 121
Cuba, 62
Czechoslovakia, 13, 27, 37–38, 84, 134, 138
de Gaulle, Charles, 109
   funeral of, 28–29
decision-making
   conjecture and, 4
   leadership and, 3–4
   mistakes in, 3–4
   Nixon's process of, 16, 20–23
   Soviet style of, 98, 135
Democratic National Convention (1968), 13, 85
détente, 61–63, 125, 135
diplomacy and negotiations
   with Arab states, 104, 106–107
   bilateral relationships, xvi–xvii, 25
   with China, 102, 104, 107–108
   conceptual understanding as goal of, 103–104
   with Egypt, 104, 106–107
   focus on outcomes, 102
   with Israel, 105–106
   with Mao compared with Zhou, 107–109
   national characteristics and, 106
   practice of, 103
   shuttle diplomacy, xviii, 95–100, 124
   with Soviet Union, 104–105, 111–114
   with Vietnam, 102, 104–105
   See also Moscow Summit; Nixon-Mao Summit; Paris Peace Accords; Yom Kippur War; strategy
Dobrynin, Anatoly, 7–8, 52, 64, 111
Dulles, John Foster, 45

economics, 120–122
Egypt, 88, 90–93, 96–100, 133, 136. *See also* Yom Kippur War
Eisenhower, Dwight D., 18–19, 23–24, 117
executive authority, erosion of, x, 85

Ferguson, Niall, 53
Ford, Gerald, x, xviii, 110, 113–114, 119
foreign policy process, 116–130
   Cabinet members and, 117, 119
   CIA and, 120
   Congress and, 124–126
   Defense Department and, 122–123
   economic agencies and, 120–122
   foreign policy as Grand Strategy, xvi–xvii, 131–132
   media and, 123–124, 126–127
   NSC and, 13, 18–24, 117–123
   personalities and, 119
   political partisanship and, 126, 128

prerequisites for, 116
reports and press backgrounders, 125–127
State Department and, 123
State Department and NSC division, 117–118
Four-Power Agreement on Berlin. *See* Berlin Agreement
Fulbright, William, 125

Germany, xxi, 8–9, 35, 53, 109, 116–117
Goodpaster, Andrew, 18–19, 117
Gorbachev, Mikhail, 113
Graham, Kay, 126
Grand Strategy, foreign policy as, xvi–xvii, 131–132
Gromyko, Andrei, 58, 112, 114

Haig, Alexander, 8, 92
Halperin, Mort, 18
Helms, Richard, 6, 27
Ho Chi Minh, 29
Hong Kong, 7
Humphrey, Hubert, 85, 123

interdepartmental process and groups, 18–20, 117
ISIS, 100
Israel, xviii, 133, 136
  negotiating with, 105–106
  Yom Kippur War, 88–100
Japan, 36
Johnson, Lyndon B., 18, 66–67, 73, 84–85
Johnson, U. Alexis, 45
Jordan, 90, 99, 133

Kant, Immanuel, 51, 135
Kennan, George F., 33
Kennedy, John F., 14
Kennedy Administration, 85
Khrushchev, Nikita, 113
Kissinger, Henry
  advance preparatory trip to China (October 1971), 17, 40–46
  appointed by Nixon as national security advisor, ix, 12–14
  decision-making process of (compared with Nixon), 16
  foreign policy approach of (compared with Nixon), 15–16
  Nixon-Kissinger foreign policy legacy, xvi–xvii, 102–103, 106–109, 127–129, 130–138
  Nixon-Kissinger working relationship, 5, 12–24, 42–44, 98, 121
  portrait of, xvi–xvii, xix–xxi
  principal foreign policy advisor for Nelson Rockefeller, 13–14
  secret preparatory trip to China (July 1971), 8, 17, 25, 32–33, 35, 38–39, 41, 52–53, 107
Kissinger, Nancy, xx
Korean War, 25, 83
Kosygin, Alexei, 29–30

Laos, xx, 82, 84
leadership
  American, x–xi
  character and, 2–3
  conjecture and, 1, 4
  courage and, x, 1, 2–3, 10, 12–13
  decision-making and, 3–4

索 引 179

education and, 123
intelligence and, 2–3
negotiation and, xvii, 8–10, 102–103, 106–107
public political debate on, 84
qualities of, 2–4
tactical level of, 2, 3–5
See also statesmanship
Lin Biao, 42
Lord, Winston, ix
foreign policy process and, 119, 124
at Moscow Summit, 57
preparation for Nixon-Mao summit, 38, 41
Vietnam War peace negotiations and, 73, 78, 128
on Vietnamization choice, 70
Luce, Clare Boothe, 13

Mao Zedong
illness of, 109–110
negotiating style and personal traits of, 107–111
Shanghai Communiqué (1972) and, 17, 42, 47–48
See also Nixon-Mao Summit
Marder, Murray, 127
McFarland, K. T., ix, xiii, xvi–xvii, xix–xxi
McGovern, George, 77
Middle East. *See individual nations*; Yom Kippur War
Moscow Summit (May 1972), 7–10, 35, 51–64
Anti-Ballistic Missile Treaty, 60
Brezhnev's "kidnapping" of Nixon, 57–58

détente and, 61–62
linkage and, 62–63
major agreements from, 59–60
opening to China and, 8–10, 52–53
preparation for, 59
SALT and, 10, 56, 58–61
Soviet diplomatic strategy and, 104–105, 111–114
Yom Kippur War and, 96–97
Moynihan, Daniel Patrick, 14

National Archives and Records Administration, xiii
National Security Council, xv, xvi, 6, 13
foreign policy process and, 117–118, 120, 122–123
interdepartmental groups overseen by, 18–24, 117
Moscow Summit and, 55
Nixon Administration's NSC system, 13, 18–24, 117–123
Nixon-Mao Summit and, 41
negotiation. *See* diplomacy and negotiations
Nixon, Richard
as anti-communist, 26
conceptual foreign policy approach of, ix, 14–15, 61, 125–127
decision-making process of, 16, 20–23
Foreign Affairs article on China (1967), 26
foreign policy approach of (compared with Kissinger), 14–16
legacy of, 136–138

Nixon-Kissinger foreign policy
  legacy, xvi–xvii, 102–103,
  106–109, 127–129, 130–138
Nixon-Kissinger working
  relationship, 5, 12–24,
  42–44, 98, 121
NSC system of, 13, 18–24,
  117–123
personality of, 16, 21
political experience of, 14
reelection (1976), x, 77–80
resignation of, x, 86
"same price for doing something
  halfway" motto of, 1, 11, 15,
  57
tactical decisions and, 12, 15,
  16
Watergate crisis, x, 85, 92,
  98–99, 104, 125
World Restored, A, xi, 88
See also Moscow Summit;
  Nixon-Mao Summit
Nixon Legacy Forums, xiii, xviii
  "The Opening to China," xiv
  "The Revitalization of the
    National Security Council,"
    xiv
  "Soviet Détente and the SALT
    Negotiations," xiv
  "Vietnam and the Paris Peace
    Accords," xiv
Nixon-Mao Summit (February
  1972), 46–50
  advance preparatory trip to
    China (October 1971), 17,
    40–46
  backchannel communication
    channels, 29–32

Chinese diplomatic strategy
  and, 107–110
long-term strategic goals for, 42–
  44, 107–109, 131–132, 134
Moscow Summit and, 33–38,
  44, 50
One China principle (Taiwan)
  and, 31, 45–50
secret preparatory trip to
  China (July 1971), 8, 17,
  25, 32–33, 35, 38–39, 41,
  52–53, 107
Shanghai Communiqué (1972)
  and, 17, 40–49, 109–110
Vietnam and negotiations for,
  34, 37, 40, 44–46
See also People's Republic of
  China

October War. See Yom Kippur War
One China principle, 31, 45–50
opening to China. See Nixon-Mao
  Summit; People's Republic of
  China
oral histories, ix, xiii–xv, xviii

Pakistan, 29–30
Paris Peace Accords, 75–87
  breakthrough of October 1972,
    77–79
  condition of self-determination
    for Vietnamese people, 77,
    79, 81
  "decent interval" criticism of,
    75, 83–84
  early negotiations, 65–74
  Nixon's reelection and, 77–80
  terms of, 79–81

索 引　181

U. S. economic aid and, 81–82
People's Republic of China
   Cultural Revolution, 28, 40
   long-range purpose of opening to, 5–6
   Nixon's early thinging on opening to, 25–26
   opening to, 25–39
   Sino-Soviet border conflicts (1969), 5, 27, 34, 38, 84, 134, 137–138
   Soviet Union and, 5–6
   Tiananmen Square protests, 118
   U. S.-Soviet relations and, 5–10, 26–27, 33–38, 44, 50, 61–64, 82, 84
   See also Nixon-Mao Summit
Peterson, Pete, 120–121
Poland, 28–29, 32–33
Policy Planning Staff (State Department), 19, 119
Politburo, 82, 112–113
Pompidou, Georges, 121
presidential authority, erosion of, x, 85

RAND Corporation, 27
Reagan, Ronald, 118
Richard Nixon Foundation, xiii–xiv
Richardson, Elliot, 6, 27
Rockefeller, Nelson, 5, 13, 14
Rodman, Peter, 93
Roosevelt, Franklin D., 120
Roosevelt, Theodore, 131
Russell, Richard, 125
Russia. *See* Moscow Summit; Soviet Union

Sadat, Anwar, 90–93, 99, 127, 133
   negotiating style and personal traits of, 104–106
SALT. *See* Strategic Arms Limitation Treaty (SALT)
Saudi Arabia, 90, 133
Schleswig-Holstein Question, 9
Scowcroft, Brent, 118, 119
Secret Service, 57–58, 84,
Senate Armed Services Committee, xv, 86
Shanghai Communiqué (1972), 40–50, 109–110
   anti-hegemony clause, 49
   drafting of, 41–42
   goals of, 43–44
   Mao's initial rejection of, 17, 42
   One China issue and, 45–47
   uniqueness of, 44–46
Shepard, Geoff, xiii
Shultz, George, 118
Six-Day War (1967), 94, 99
Soviet Union
   arms capability and sales, 55–56, 63, 88, 90–98, 120, 133–134
   arms control and, 10, 56, 58–61, 113
   Middle East and, 88, 90–92, 97–98, 132–133, 135–136
   negotiating with, 104–105, 111–114
   occupation of Czechoslovakia, 13, 27, 37–38, 84, 134, 138
   opening to China and, 5–10, 26–27, 33–38, 44, 50, 61–64, 82, 84
   Paris Peace Agreement and, 82, 84

Sino-Soviet border conflicts
(1969), 5–6, 26–27, 34, 38,
84, 105, 134, 137–138
strategic Arms Limitation Treaty
(SALT), 10, 56, 58–61, 113
Strateic objectives regarding,
134–138
Vietnam War and, 53–56, 63–
64, 82, 84
Yom Kippur War and, 90–92,
97–98
See also Moscow Summit
statesmanship, 1–11
bureaucracy and, 2–3, 5–7,
10–11
interdepartmental process and,
4–5
requirements of, 1–4
strategy and, 1, 10–11
tactics and, 1–5
See also leadership
Stennis, John C., 86, 125
Stoessel, Walter, 28
Strategic Arms Limitation Treaty
(SALT), 10, 56, 58–61, 113
strategy, 130–138
toward China, 5–6, 42–44,
107–109, 131–132, 134
behind détente and linkage,
61–63
foreign policy as Grand
Strategy, xvi–xvii, 131–132
toward Middle East, 90, 98–99,
132–134
nuclear adversary and, 135–136
toward Soviet Union, 90,
98–99, 134
statesmanship and, 1, 10–11

toward Vietnam, 66–71
See also diplomacy and
negotiations
Suez Canal, 92–94, 96, 98–99
Syria, xviii, 90–94, 96, 100, 124,
133, 136. *See also* Yom Kippur
War

Taiwan, 31, 45–50
Tang, Nancy, 109
Temple, Henry John, 3rd Viscount
Palmerston, 9
Thieu, Nguyen Van, 70
Tho, Le Duc, 70, 73, 77, 85–86
negotiating style and personal
traits of, 114–115
Thompson, Llewellyn "Tommy," 6,
33
Trans-Pacific Partnership (TPP),
121
Truman Administration, 85
Trump Administration, xvi

United Nations, 124
Middle East and, 90
opening to China and, 36
Paris Peace Accords and, 81
Yom Kippur War and, 97

Vance, Cyrus, 63, 69
videoconferencing, 17
Vietnam War
American prisoners of war, 81,
85
choices of Vietnamization and
peace proposal, 69–70
Congressional restrictions of
forces and aid, 86–87

索　引　183

cult of violence in domestic
    debate, 67
glorification of the enemy,
    67–68
Johnson Administration and,
    66–67, 73, 84–85
Johnson bombing halt
    agreement, 67
mining of Haiphong Harbor, 10,
    54, 55
National Liberation Front
    (NLF) and, 72
North Vietnamese spring-
    summer (1972) offensive, 9,
    53–54, 77
peace negotiations, 66–72
rate of American withdrawal
    from, 75–78, 81
Tet Offensive, 66
troop levels and casualties, 66
U. S.-Soviet relations and, 9,
    53–54, 82, 84
See also Paris Peace Accords
Vietnamization, 76

B-52s and, 76
choice of, 69–70
definition of, 69

Watergate crisis, x, 85, 92, 98–99,
    104, 125
Wisner, Polly, 126

Yom Kippur War (1973), xx,
    88–100, 132
background to, 88
cease-fire, 91–98
dividing line, 97, 99
shuttle diplomacy, 95–100
start of, 90–91, 94–95
Suez Canal and, 92–94, 96,
    98–99
U. S. intelligence and, 94

Zhou Enlai, 17, 29–30
negotiating style and personal
    traits of, 104, 107–110
Shanghai Communiqué
    negotiations with, 42, 44–48

Winston Lord
KISSINGER ON KISSINGER:
Reflections on Diplomacy, Grand Strategy, and Leadership
Copyright © 2019, Henry A. Kissinger, Winston Lord, K. T. McFarland
Preface: Copyright © 2019, Henry A. Kissinger
Simplified Chinese Edition © 2023 by Shanghai Translation Publishing House
All rights reserved

图字：09-2019-296号

图书在版编目（CIP）数据

基辛格谈基辛格：关于外交、大战略和领导力的省思 /（美）温斯顿·洛德（Winston Lord）著；吴亚敏译. —上海：上海译文出版社，2023.10（2023.12重印）
书名原文：Kissinger on Kissinger: Reflections on Diplomacy, Grand Strategy, and Leadership
ISBN 978-7-5327-9436-2

Ⅰ.①基… Ⅱ.①温… ②吴… Ⅲ.①基辛格（Kissinger，Henry Alfred 1923- ）-访问记 Ⅳ.①K837.127=6

中国国家版本馆 CIP 数据核字（2023）第 167564 号

基辛格谈基辛格：关于外交、大战略和领导力的省思 Kissinger on Kissinger: Reflections on Diplomacy, Grand Strategy, and Leadership	Winston Lord [美] 温斯顿·洛德 著 吴亚敏 译	出版统筹 赵武平 责任编辑 陈飞雪 装帧设计 胡 枫

上海译文出版社有限公司出版、发行
网址：www.yiwen.com.cn
201101 上海市闵行区号景路159弄B座
江阴市机关印刷服务有限公司印刷

开本 889×1194 1/32 印张 6.5 插页 6 字数 70,000
2023 年 11 月第 1 版 2023 年 12 月第 2 次印刷

ISBN 978-7-5327-9436-2/D·151
定价：62.00 元

本书中文简体字专有出版权归本社独家所有，非经本社同意不得转载、摘编或复制
如有质量问题，请与承印厂质量科联系。T：0510-86688678